4 bis 10 Jahre

Michael Junga

Stärkung der Auge-Hand-Koordination

Ganz einfache Übungen

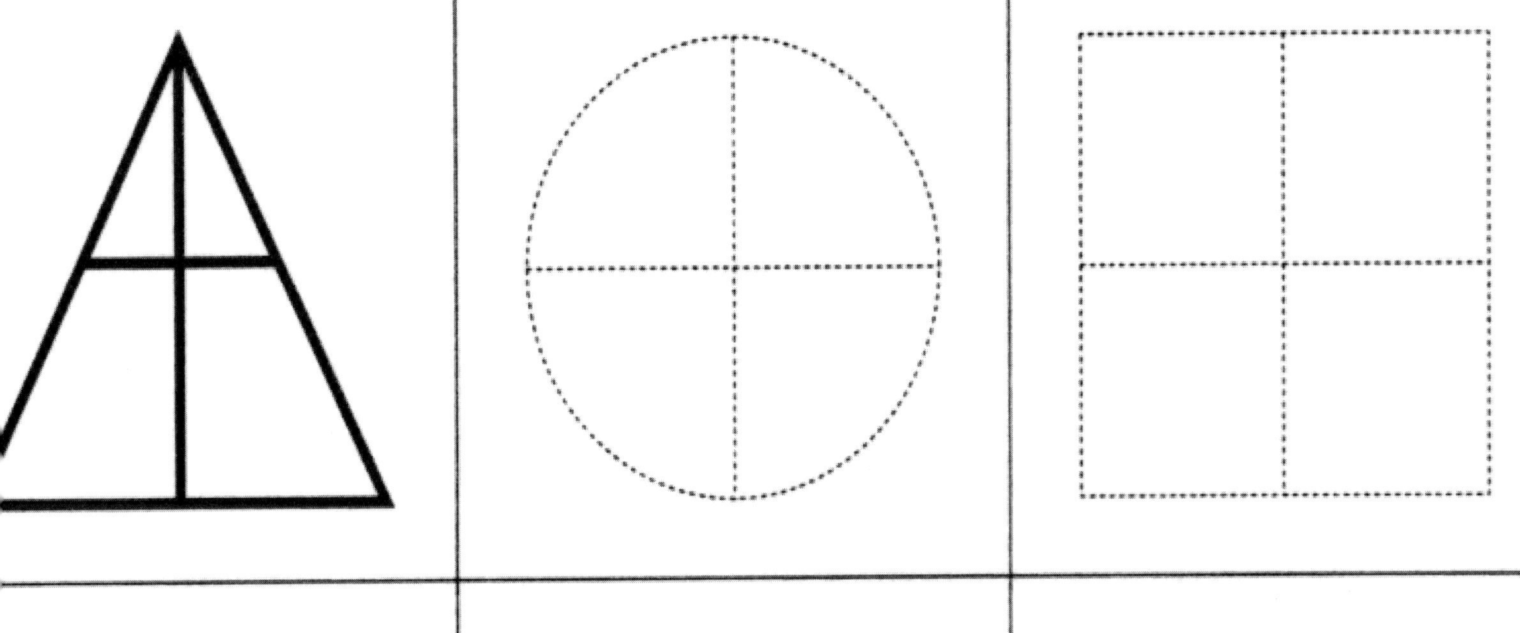

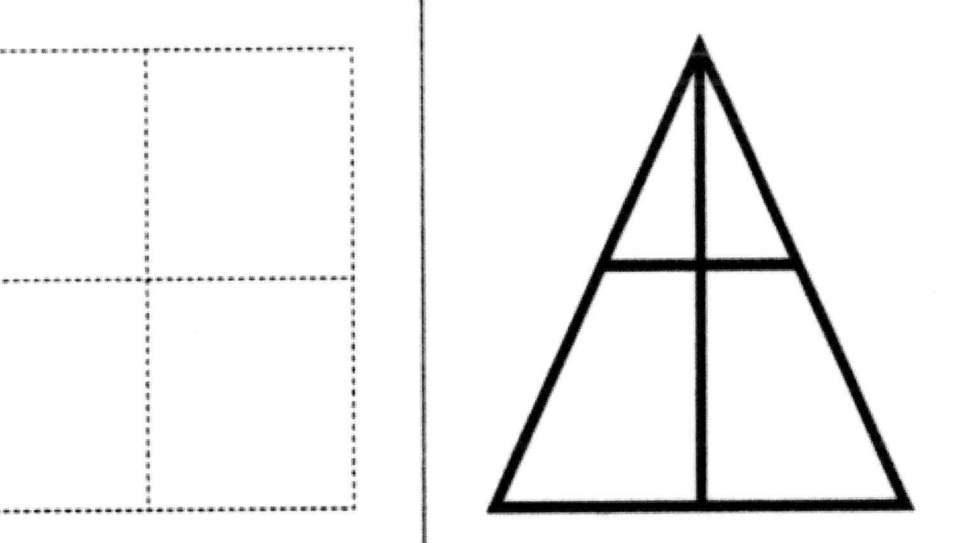

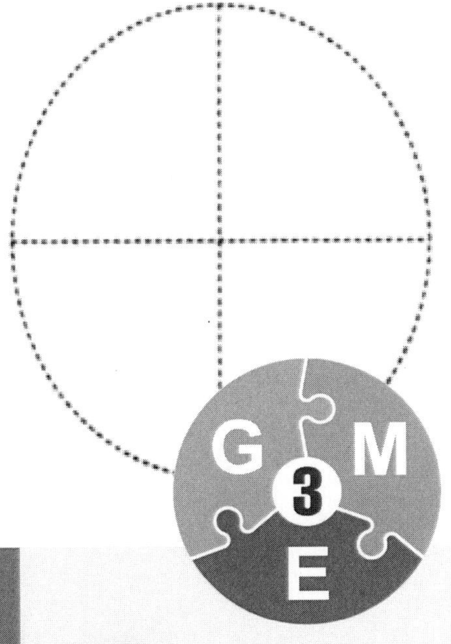

Formen wiedererkennen und bearbeiten

Stärkung der Auge-Hand-Koordination

Ganz einfache Übungen

10. Auflage 2026

Inhalt: Michael Junga
Redaktion: Kohl-Verlag
Grafik & Satz: Kohl-Verlag
Druck: farbo prepress GmbH, Köln

Bestell-Nr. 11 288

ISBN: 978-3-86632-564-7

Bildquellen:

Coversymbol: © volondoff - AdobeStock.com; **Seite 64**: © luismolinero, alex83m, yoyonpujiono & Ghost Rider - AdobeStock.com

Kontakt: Kohl-Verlag, An der Brennerei 37-45, 50170 Kerpen
Tel: +49 2275 331610, Mail: info@kohlverlag.de

Inhalt

Vorwort

Zielgruppen

Kinder mit schwerwiegenden Problemen im Bereich feinmotorischer Kompetenzen in der

- Vorschule,
- Grundschule ab Klasse 1,
- Förderschule ab Klasse 1.

Förderschwerpunkt

Auge-Hand-Koordination

Aufgabe

Die Kinder sollen vorgegebene Formen wiedererkennen und deren gestrichelte Umrisse mit Stiften in unterschiedlichen Farben nachzeichnen.

Die Übungen sind bewusst sehr einfach gehalten, um wirklich auch extrem schwachen Kindern die kontinuierliche Stärkung ihrer feinmotorischen Kompetenzen langfristig zu ermöglichen.

Im hinteren Teil dieses Kopierbuches steigen die Anforderungen leicht an, um den gewonnenen Lernfortschritten Rechnung zu tragen.

Die Übungsvorlagen sind nicht der Reihe nach durchzuarbeiten. Sie bilden lediglich ein Angebot, aus dem die Lehrkraft die Materialien zusammenstellt, die der individuellen Leistungsfähigkeit der Kinder entsprechen.

Einsatzmöglichkeiten

Unter Inklusion versteht man die Einbeziehung behinderter Kinder in den Unterricht der Regelschulklassen unter Berücksichtigung der individuellen Lernmöglichkeiten dieser Kinder. Da die Lehrkraft durch die Inklusion ein sehr heterogenes Leistungvermögen der Kinder in der Klasse vorfindet, ist sie auf differenzierende Unterrichtsmaterialien angewiesen. Die vorliegende Kopiervorlagensammlung entspricht diesen Anforderungen.

Nutzen

Die Kinder verbessern ihre feinmotorischen Fähigkeiten und üben gleichzeitig konzentriertes und kleinschrittiges Arbeiten.

Name

Klasse

Datum

Ausmalen 1

Male diesen Turm aus Holzbausteinen in deinen Lieblingsfarben aus!

Name

Klasse

Datum

Ausmalen 2

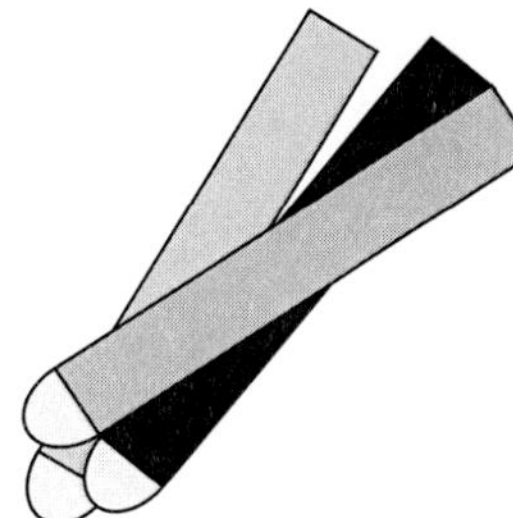

Male diesen Turm aus Holzbausteinen in deinen Lieblingsfarben aus!

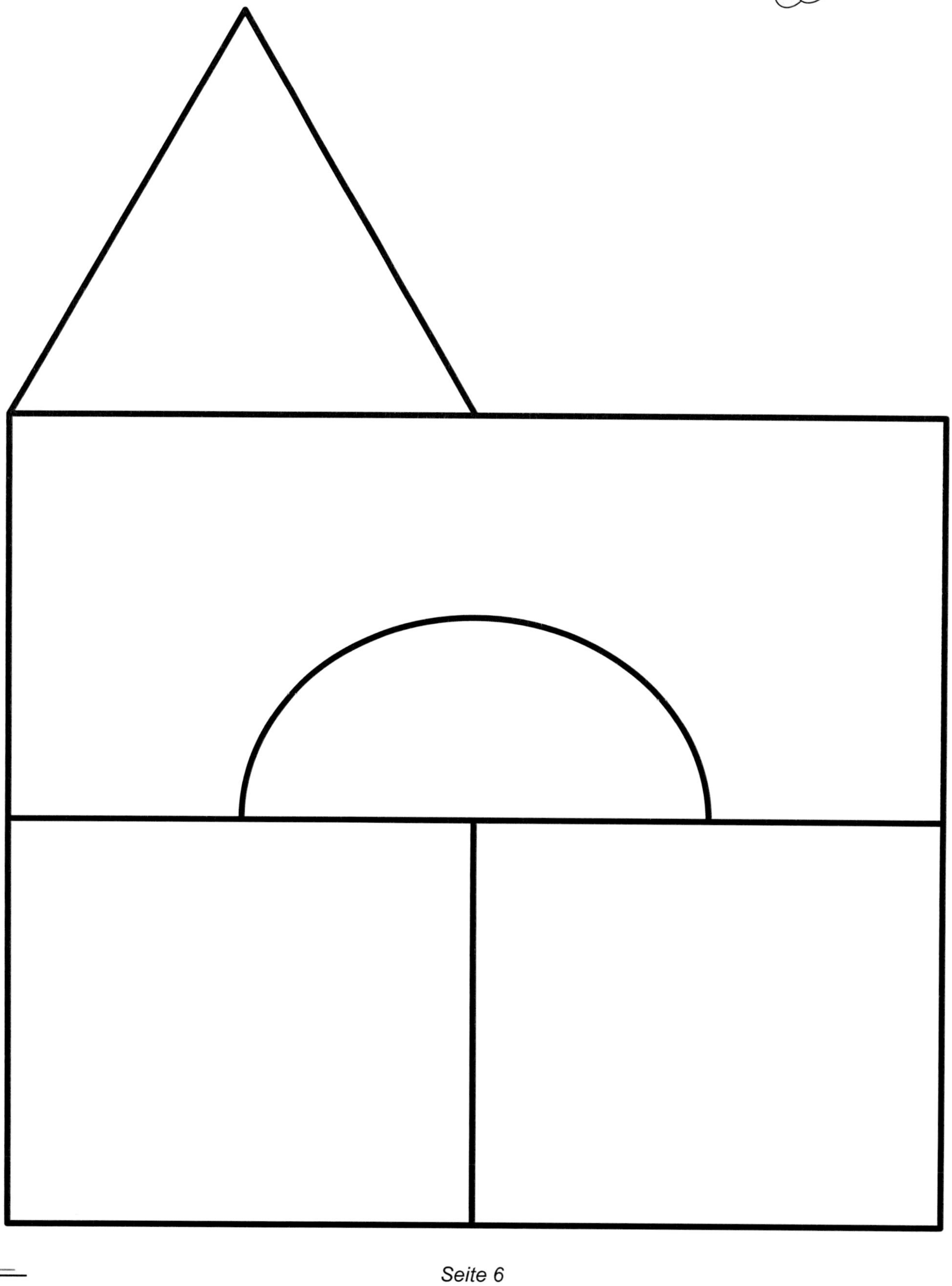

KOHL VERLAG Stärkung der Auge-Hand-Koordination
Ganz einfache Übungen – Bestell-Nr. 11 288

Name | Klasse | Datum

Ausmalen 3

Male die Kanne in deinen Lieblingsfarben aus!

KOHL VERLAG Lernen mit Erfolg
Stärkung der Auge-Hand-Koordination
Ganz einfache Übungen – Bestell-Nr. 11 288

Name

Klasse

Datum

Ausmalen 4

Male die Geldbörse in deinen Lieblingsfarben aus!

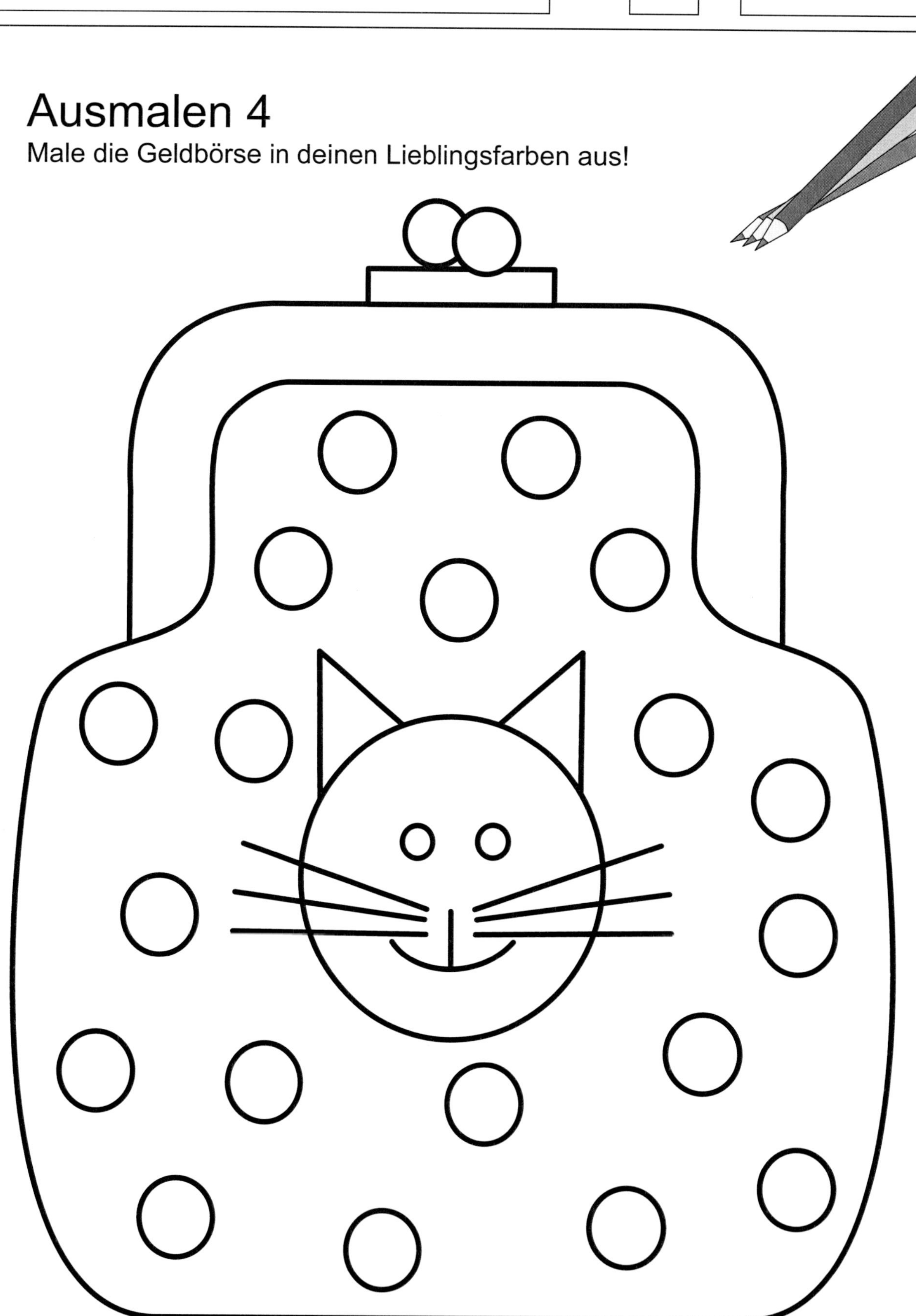

KOHL VERLAG Stärkung der Auge-Hand-Koordination
Ganz einfache Übungen – Bestell-Nr. 11 288

Name

Klasse

Datum

Verbinde! 1

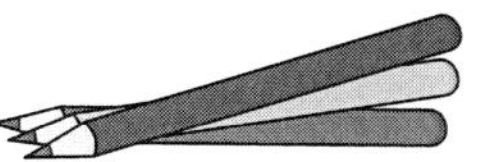

Verbinde die Punkte wie im Beispiel angegeben. Zeichne jede Verbindungslinie mit drei verschiedenen Farben!

KOHL VERLAG
Stärkung der Auge-Hand-Koordination
Ganz einfache Übungen – Bestell-Nr. 11 288

Name

Klasse

Datum

Verbinde! 2

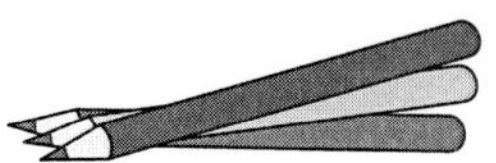

Verbinde die Punkte wie im Beispiel angegeben. Zeichne jede Verbindungslinie mit drei verschiedenen Farben!

Stärkung der Auge-Hand-Koordination
KOHL VERLAG

Name

Klasse

Datum

Verbinde! 3

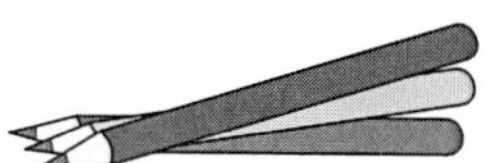

Verbinde die Punkte wie im Beispiel angegeben. Zeichne jede Verbindungslinie mit drei verschiedenen Farben!

KOHL VERLAG Stärkung der Auge-Hand-Koordination – Bestell-Nr. 11 288
Ganz einfache Übungen

Name

Klasse

Datum

Verbinde! 4

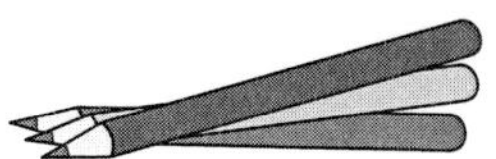

Verbinde die Punkte wie im Beispiel angegeben. Zeichne jede Verbindungslinie mit drei verschiedenen Farben!

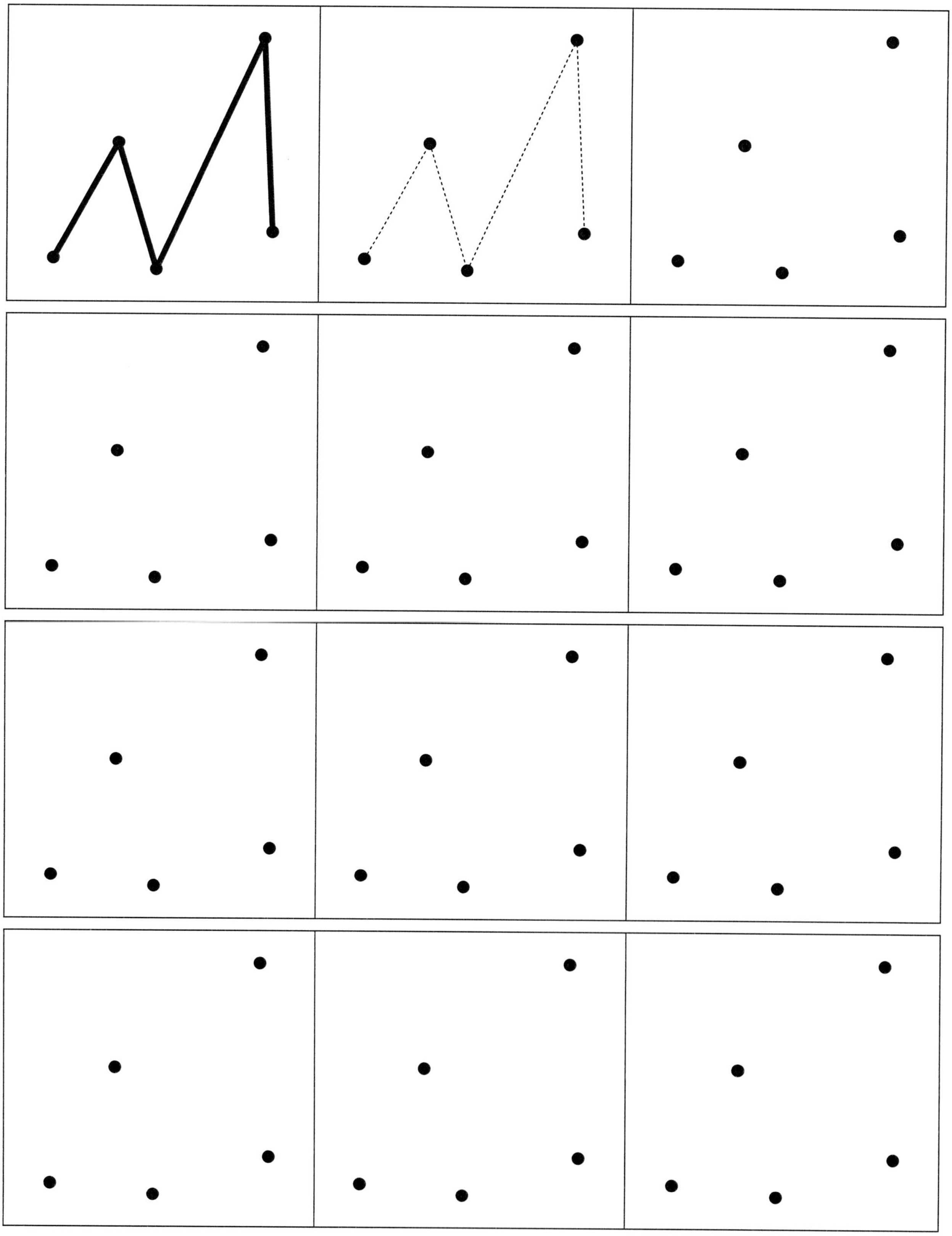

Stärkung der Auge-Hand-Koordination
Ganz einfache Übungen – Bestell-Nr. 11 288
KOHL VERLAG

Name

Klasse

Datum

Verbinde! 5

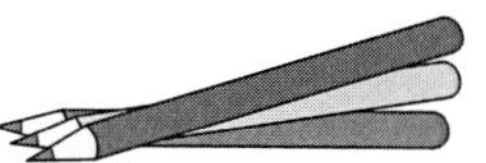

Verbinde die Punkte wie im Beispiel angegeben. Zeichne jede Verbindungslinie mit drei verschiedenen Farben!

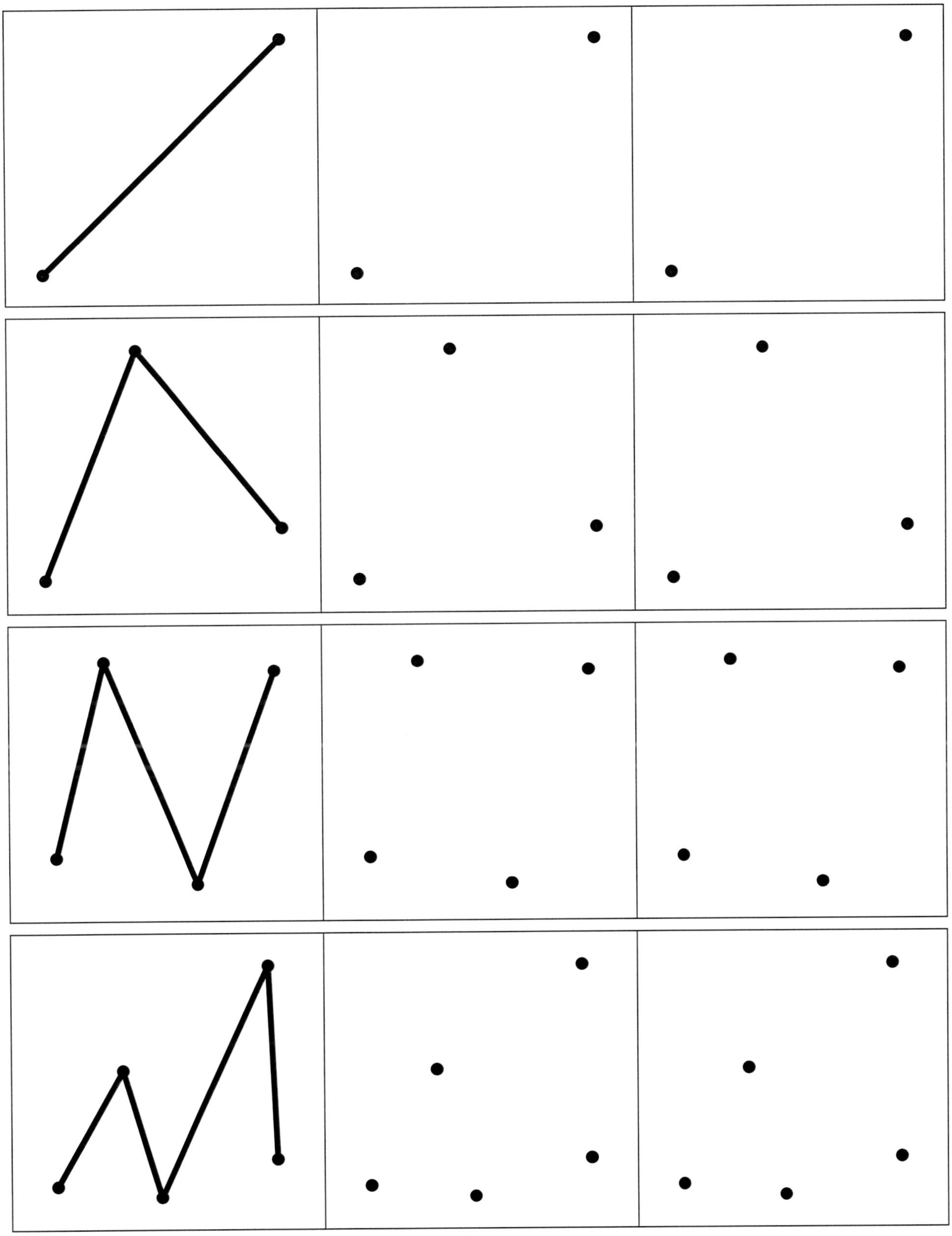

KOHL VERLAG
Stärkung der Auge-Hand-Koordination
Ganz einfache Übungen – Bestell-Nr. 11 288

Name | Klasse | Datum

Verbinde! 6

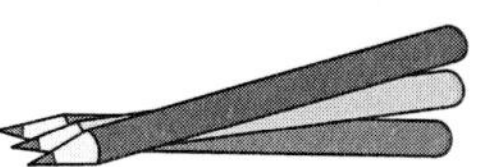

Verbinde die Punkte wie im Beispiel angegeben. Zeichne jede Verbindungslinie mit drei verschiedenen Farben!

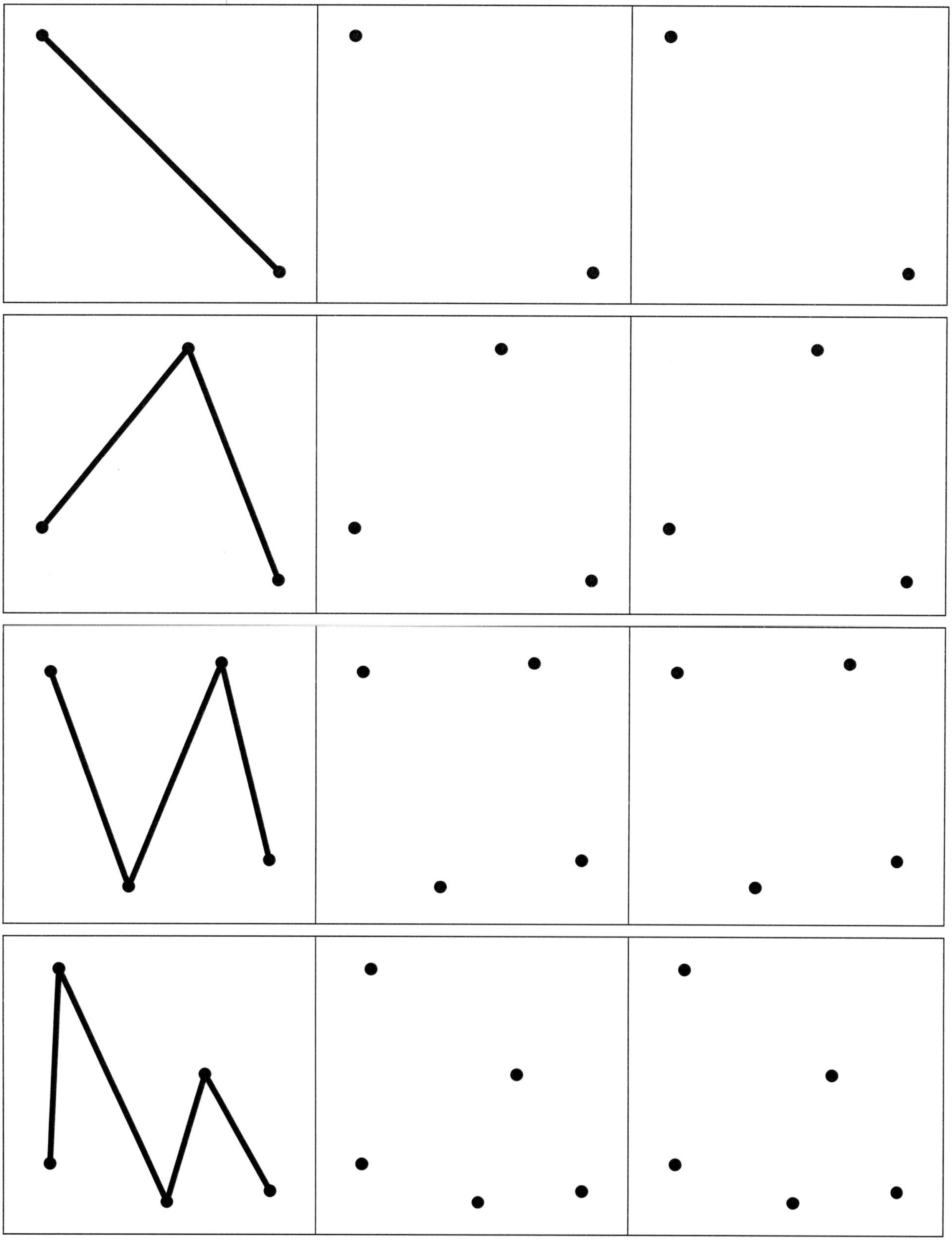

KOHL VERLAG Lernen mit Erfolg
Stärkung der Auge-Hand-Koordination
Ganz einfache Übungen ▪ Bestell-Nr. 11 288

Name

Klasse

Datum

Verbinde! 7

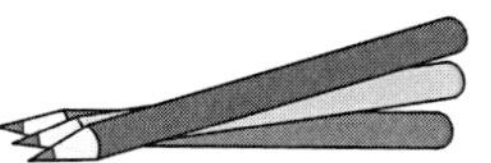

Verbinde die Punkte wie im Beispiel angegeben. Zeichne jede Verbindungslinien mit drei verschiedenen Farben!

KOHL VERLAG
Stärkung der Auge-Hand-Koordination
Ganz einfache Übungen – Bestell-Nr. 11 288

Name

Klasse

Datum

Verbinde! 8

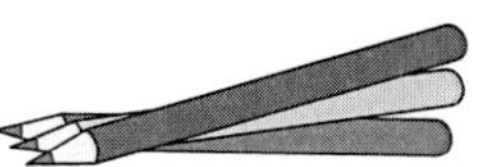

Verbinde die Punkte wie im Beispiel angegeben. Zeichne jede Verbindungslinien mit drei verschiedenen Farben!

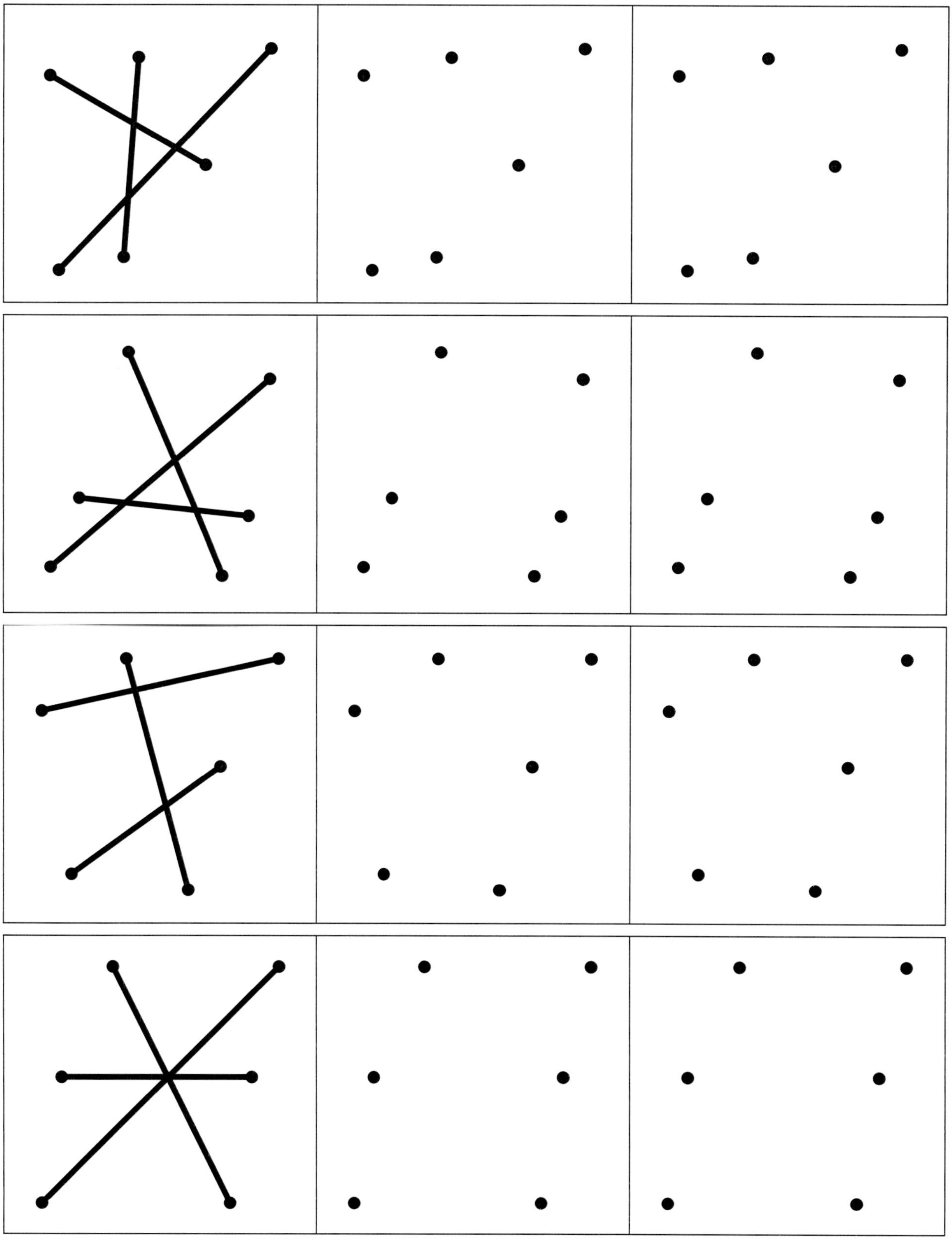

KOHL VERLAG
Stärkung der Auge-Hand-Koordination
Ganz einfache Übungen ■ Bestell-Nr. 11 288

Name

Klasse

Datum

Punkte verbinden 1

Suche in den unteren neun Feldern jeweils die gleiche Anordnung der Punkte heraus, die du oben siehst.
Male deren gestrichelte Verbindungslinien mehrmals mit verschiedenfarben Stiften nach!

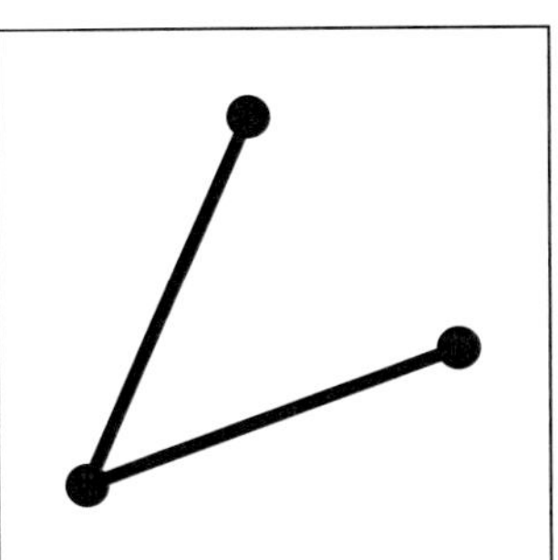

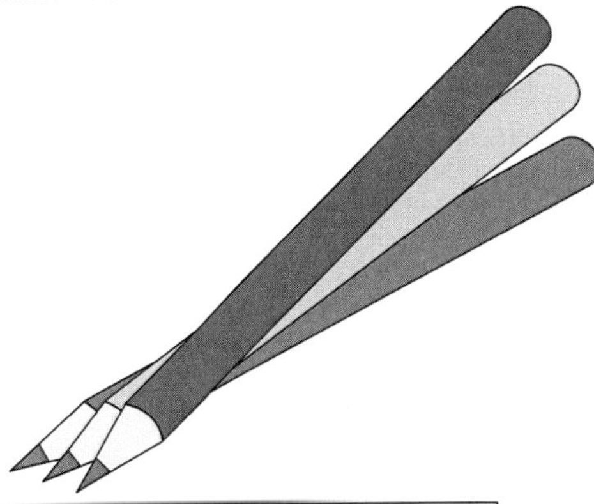

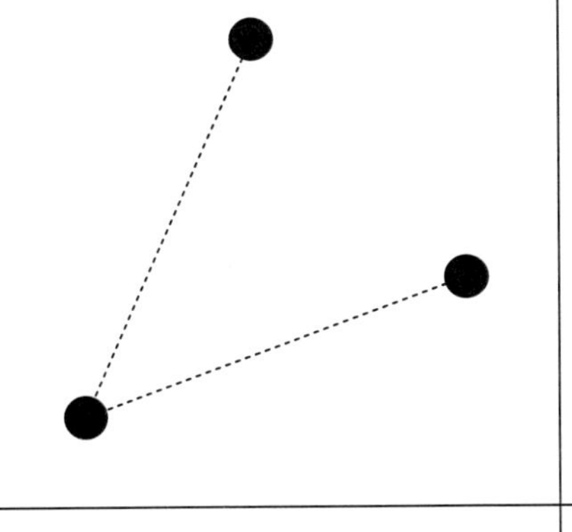

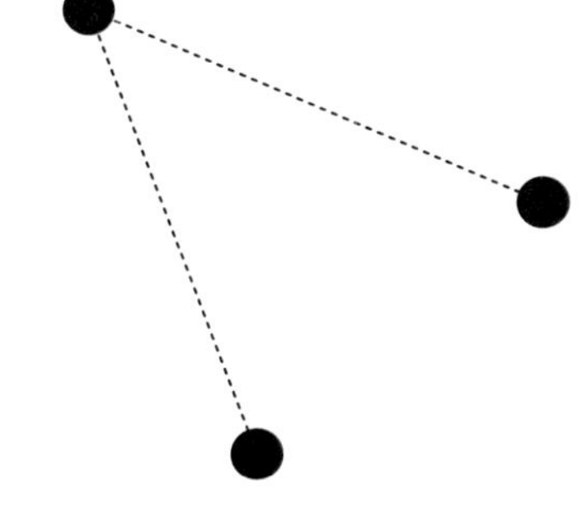

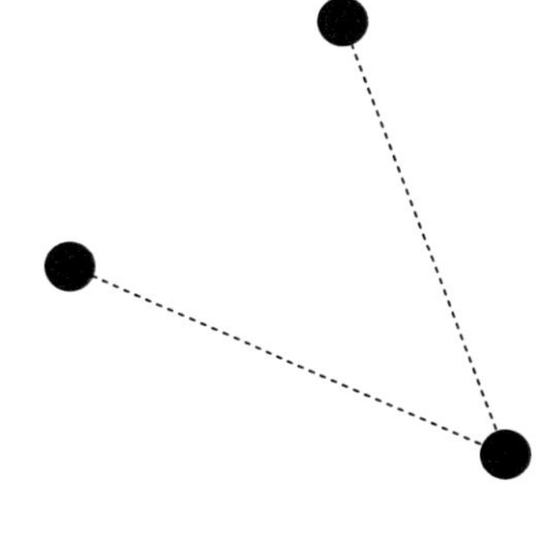

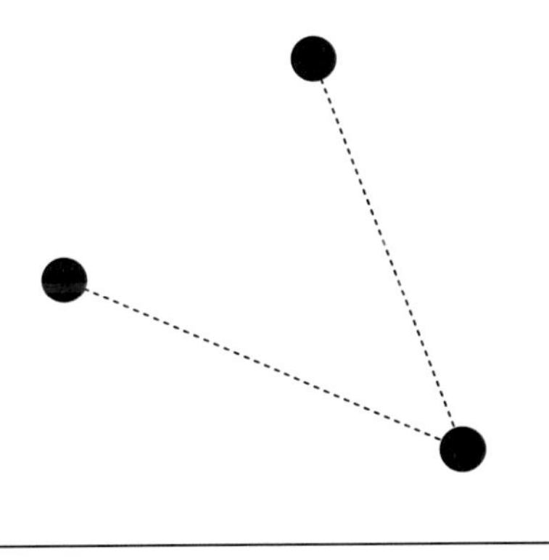

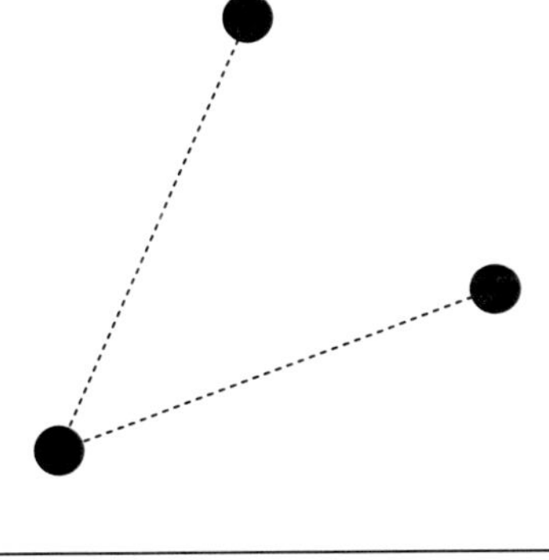

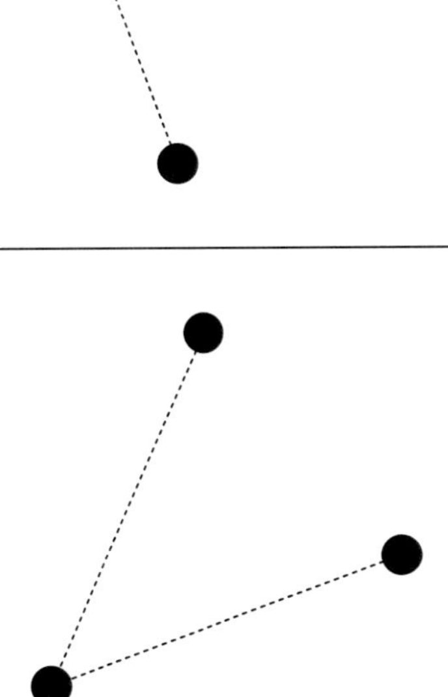

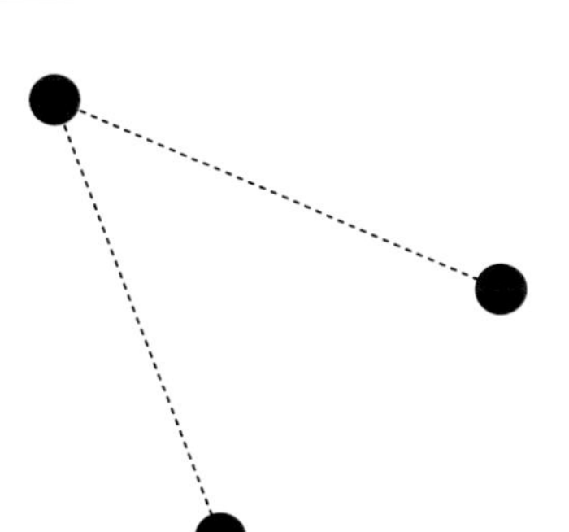

Stärkung der Auge-Hand-Koordination
Ganz einfache Übungen – Bestell-Nr. 11 288
KOHL VERLAG

Name

Klasse

Datum

Punkte verbinden 2

Suche in den unteren neun Feldern jeweils die gleiche Anordnung der Punkte heraus, die du oben siehst. Male deren gestrichelte Verbindungslinien mehrmals mit verschiedenfarben Stiften nach!

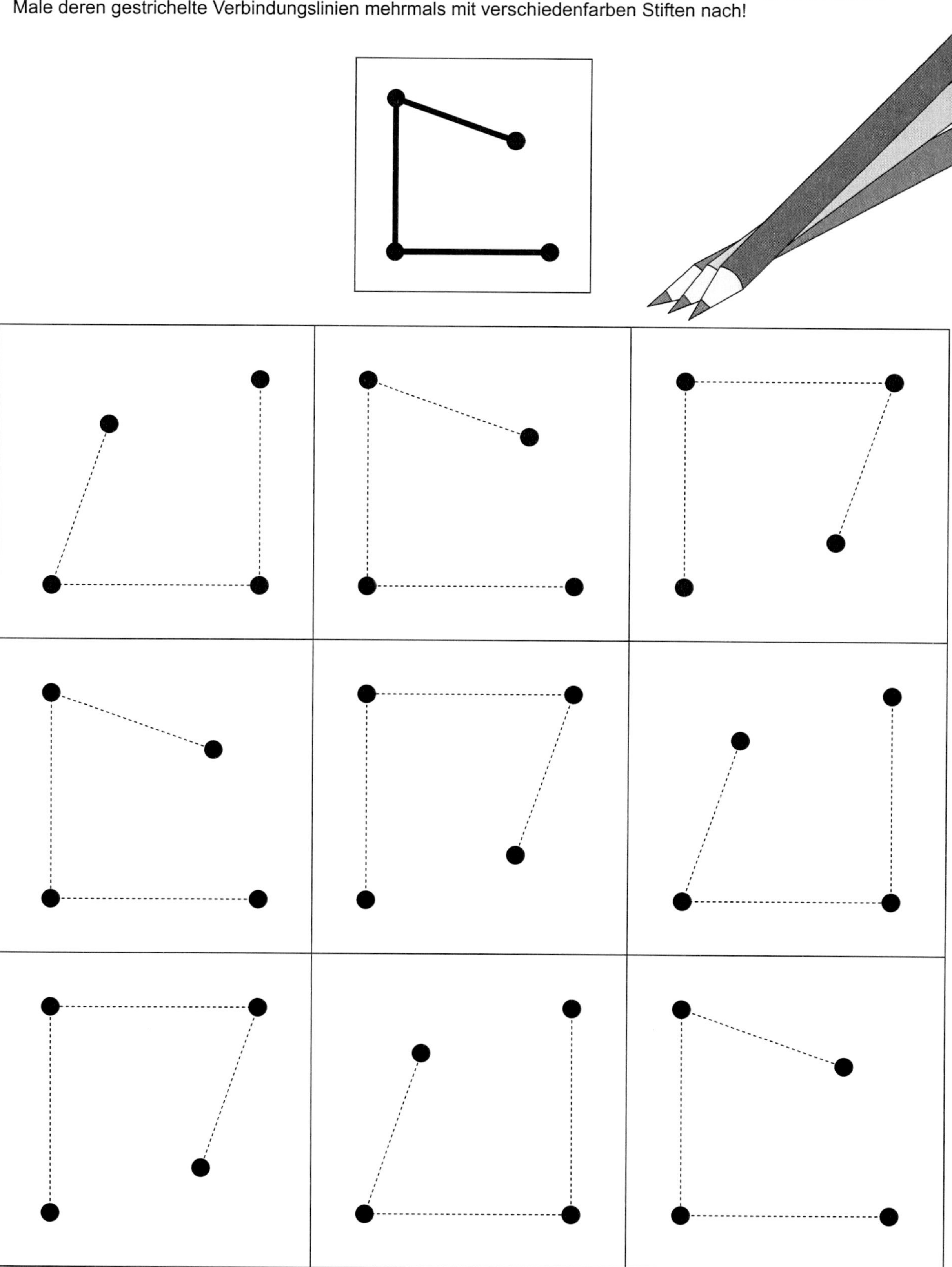

Lernen mit Erfolg KOHL VERLAG Stärkung der Auge-Hand-Koordination Ganz einfache Übungen ▪ Bestell-Nr. 11 288

Name

Klasse

Datum

Punkte verbinden 3

Suche in den unteren neun Feldern jeweils die gleiche Anordnung der Punkte heraus, die du oben siehst. Male deren gestrichelte Verbindungslinien mehrmals mit verschiedenfarben Stiften nach!

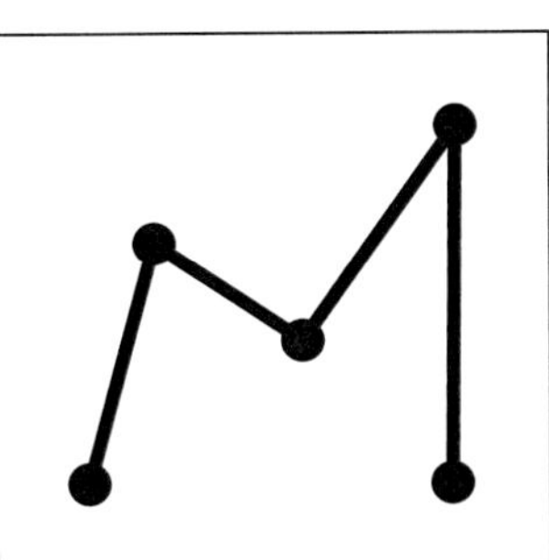

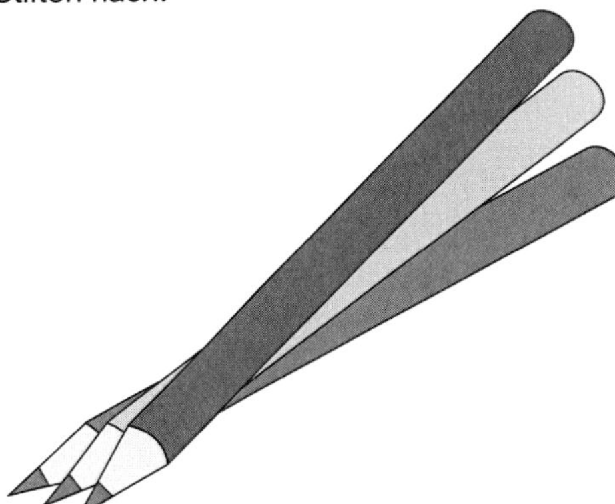

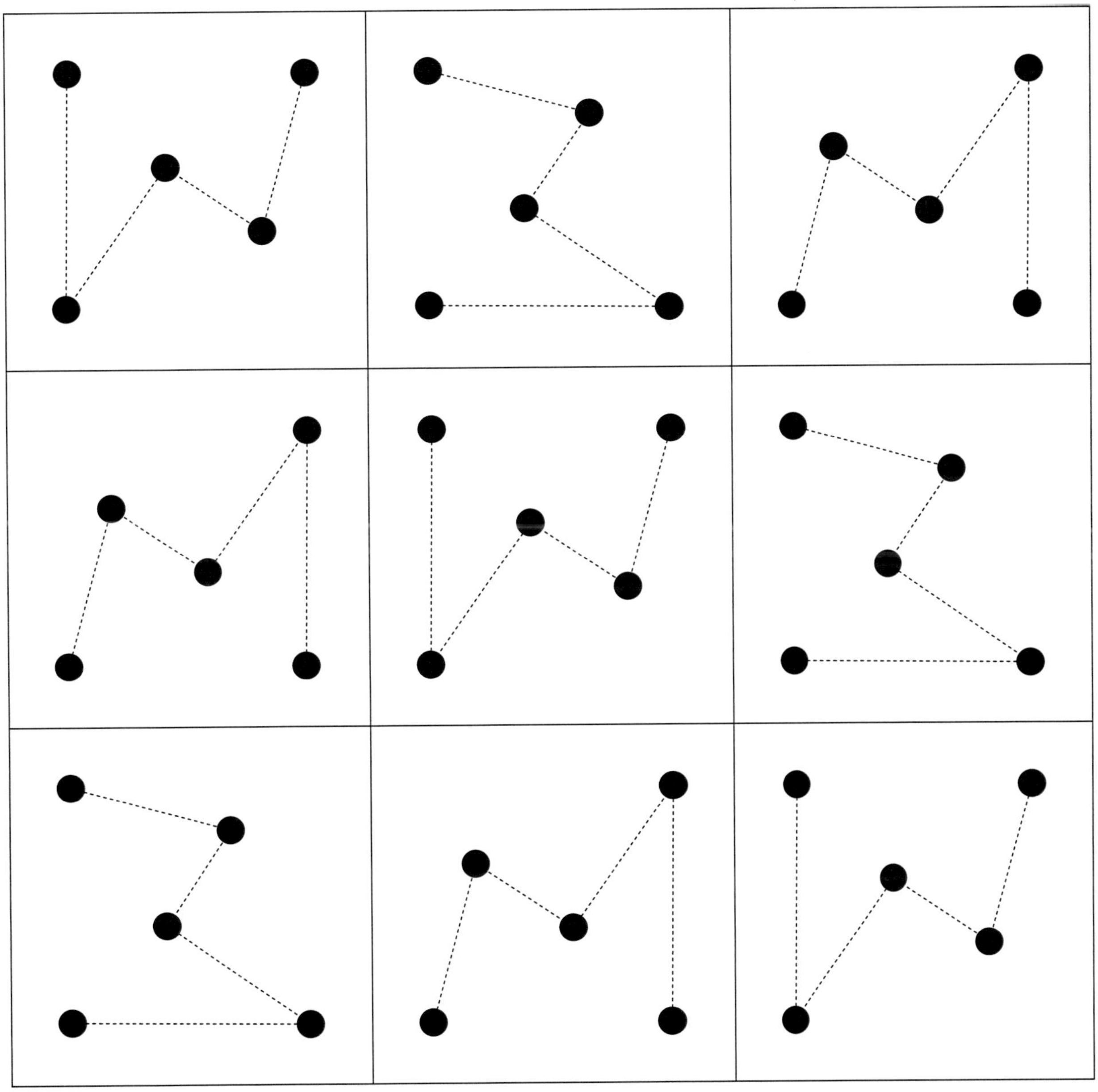

KOHL VERLAG
Stärkung der Auge-Hand-Koordination
Ganz einfache Übungen – Bestell-Nr. 11 288

Name

Klasse

Datum

Punkte verbinden 4

Suche in den unteren neun Feldern jeweils die gleiche Anordnung der Punkte heraus, die du oben siehst. Male deren gestrichelte Verbindungslinien mehrmals mit verschiedenfarben Stiften nach!

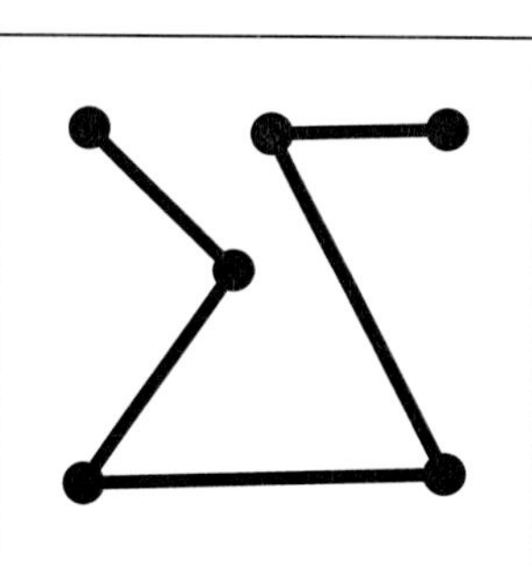

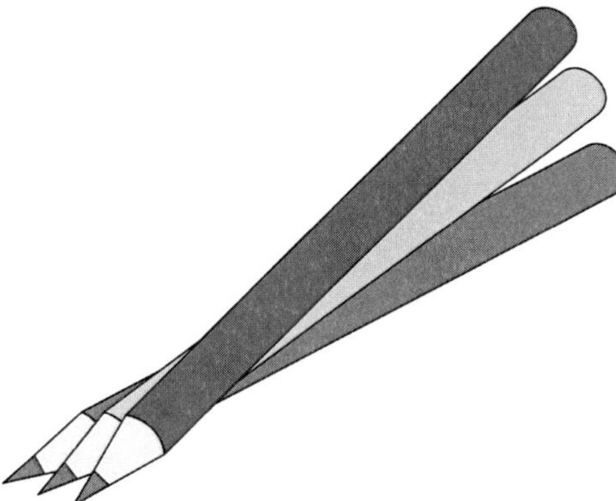

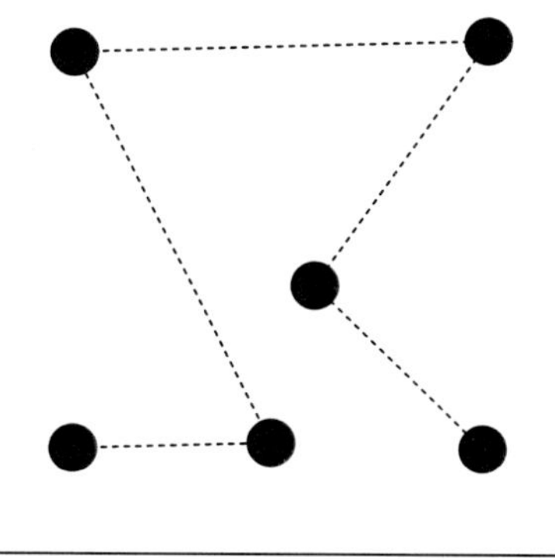

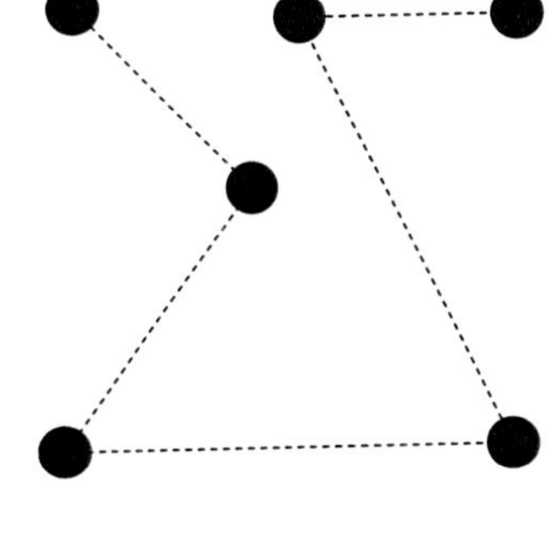

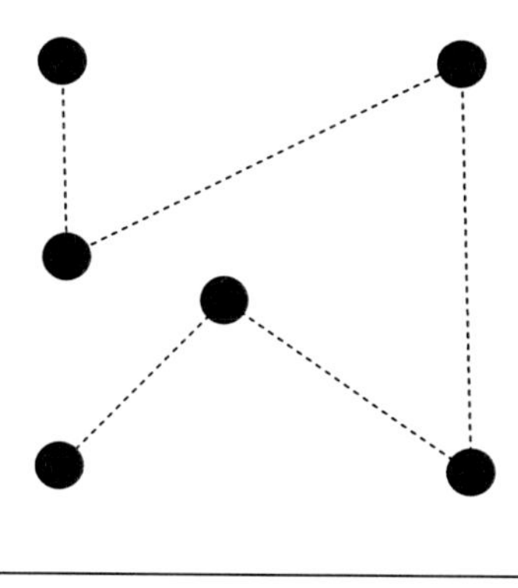

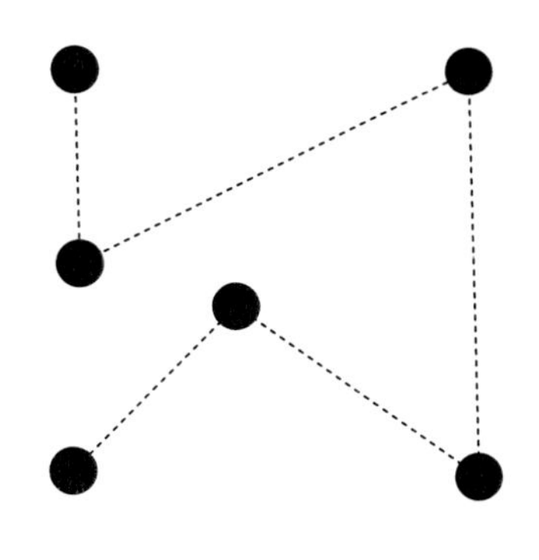

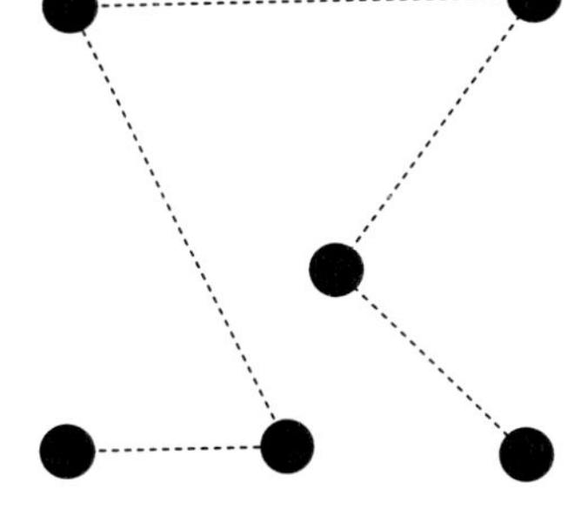

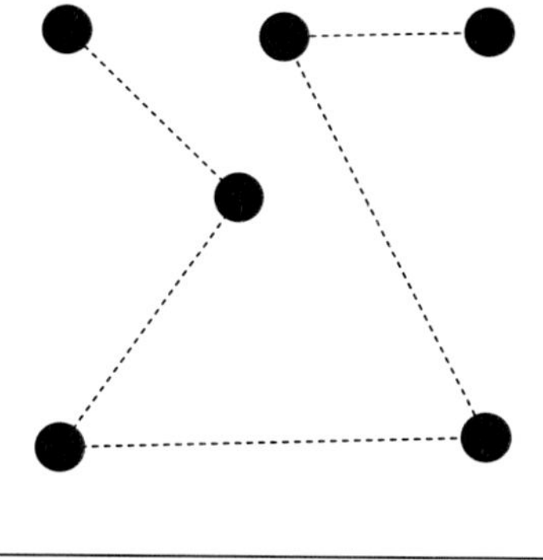

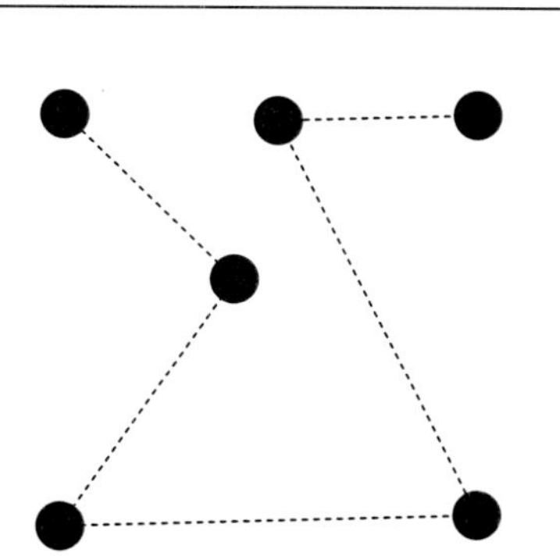

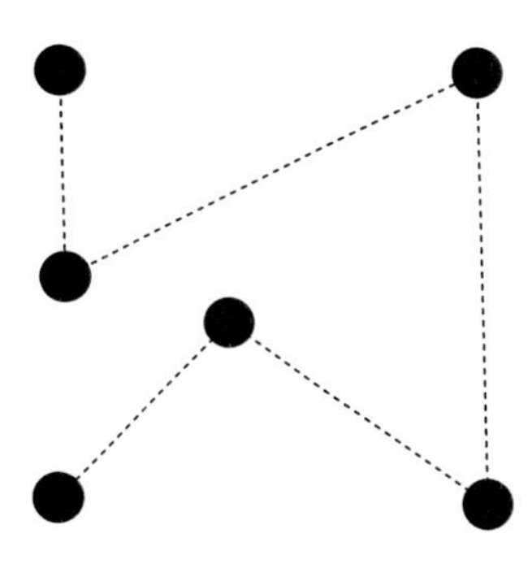

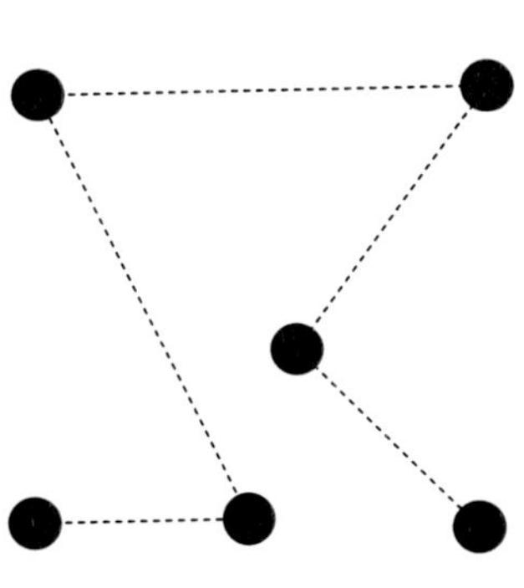

Lernen mit Erfolg KOHL VERLAG Stärkung der Auge-Hand-Koordination
Ganz einfache Übungen – Bestell-Nr. 11 288

Name | Klasse | Datum

Auf dem Weg bleiben 1

Zeichne Linien in vielen verschiedenen Farben zwischen den Pfeilen hin und her! Vermeide es, die Begrenzungen zu überschreiten!

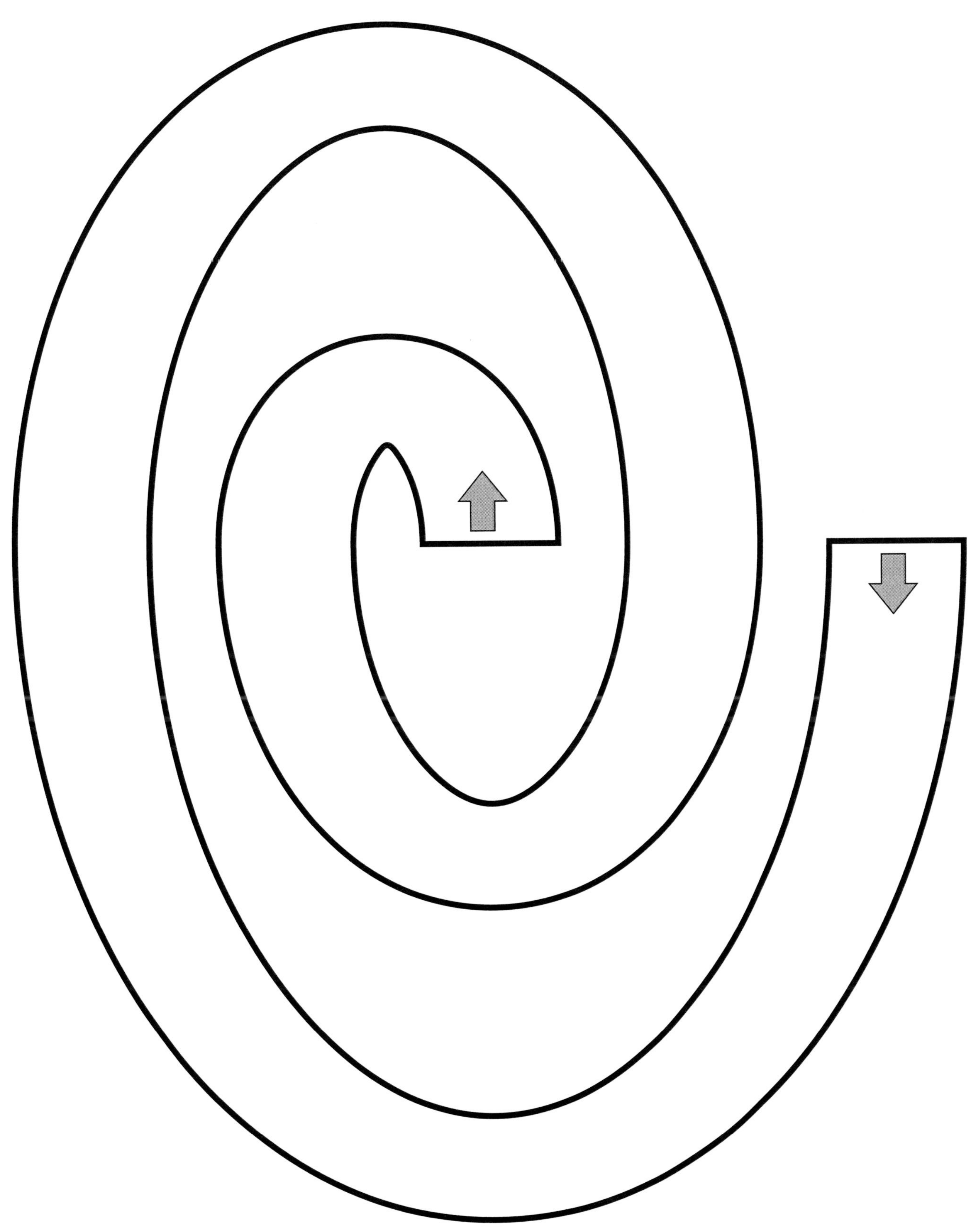

Stärkung der Auge-Hand-Koordination – Bestell-Nr. 11 288
Ganz einfache Übungen
KOHL VERLAG

Name

Klasse

Datum

Auf dem Weg bleiben 2

Zeichne Linien in vielen verschiedenen Farben zwischen den Pfeilen hin und her! Vermeide es, die Begrenzungen zu überschreiten!

Name

Klasse

Datum

Auf dem Weg bleiben 3

Zeichne zwei Linienwege in vielen verschiedenen Farben zwischen den Pfeilen hin und her! Vermeide es, die Begrenzungen zu überschreiten!

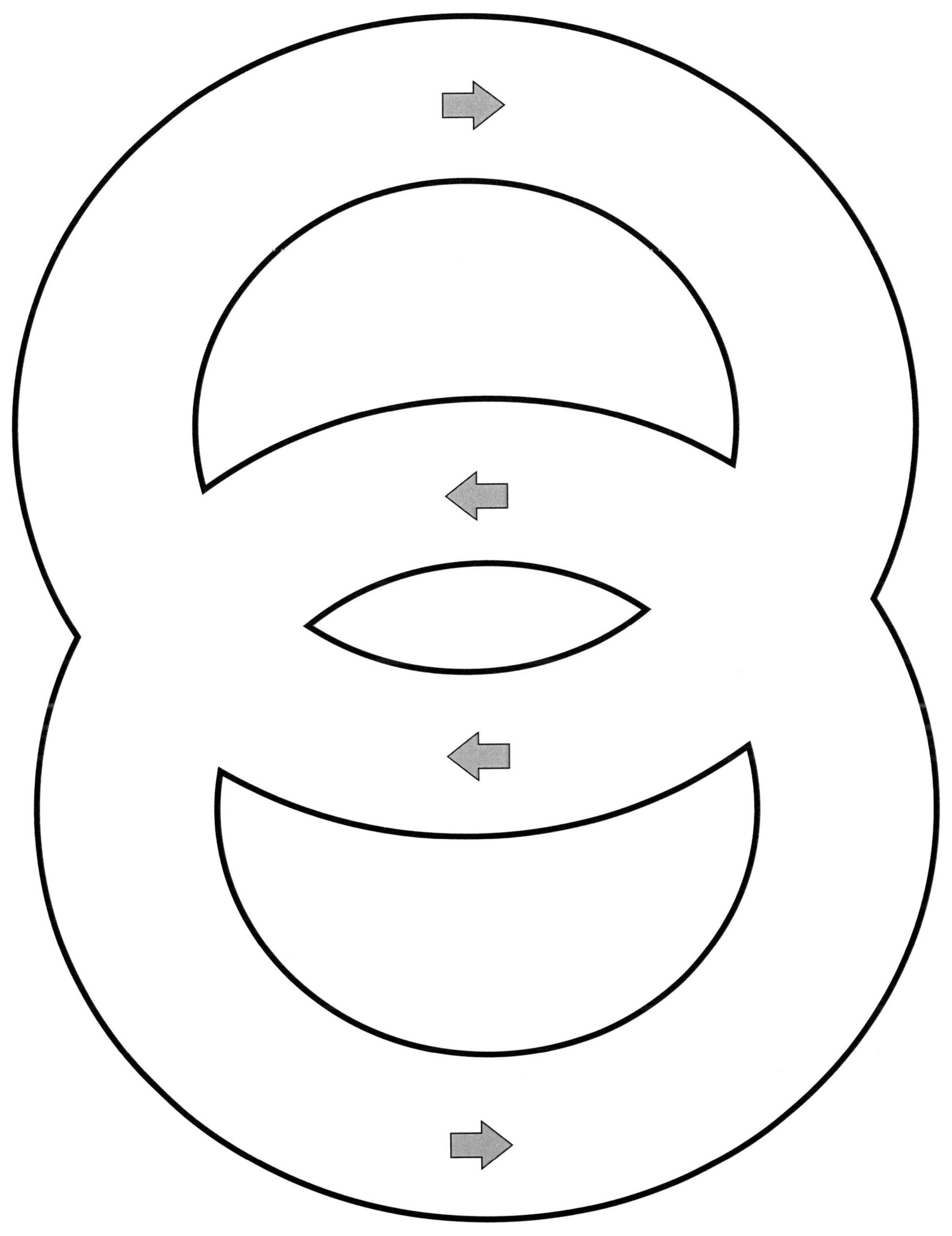

KOHL VERLAG Lernen mit Erfolg
Stärkung der Auge-Hand-Koordination
Ganz einfache Übungen – Bestell-Nr. 11 288

Name

Klasse

Datum

Auf dem Weg bleiben 4

Zeichne zwei Linienwege in vielen verschiedenen Farben zwischen den Pfeilen hin und her! Vermeide es, die Begrenzungen zu überschreiten!

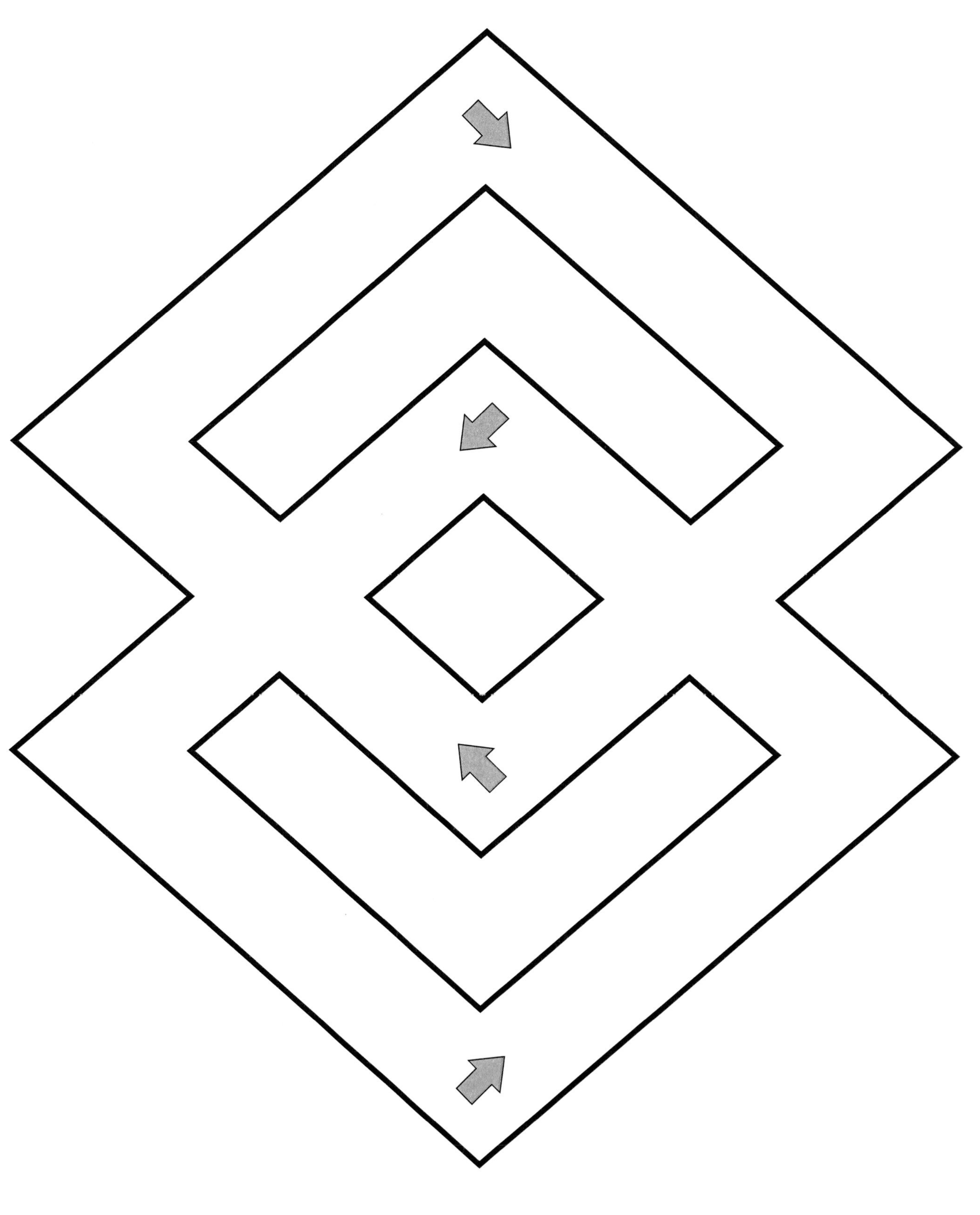

Stärkung der Auge-Hand-Koordination
Ganz einfache Übungen ▪ Bestell-Nr. 11 288
KOHL VERLAG

Name

Klasse

Datum

Nachspuren 1

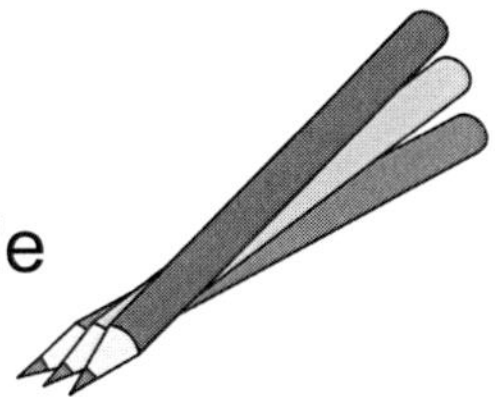

Zeichne Rechtecke in vielen verschiedenen Farben! Vermeide es, die Begrenzungen zu überschreiten!

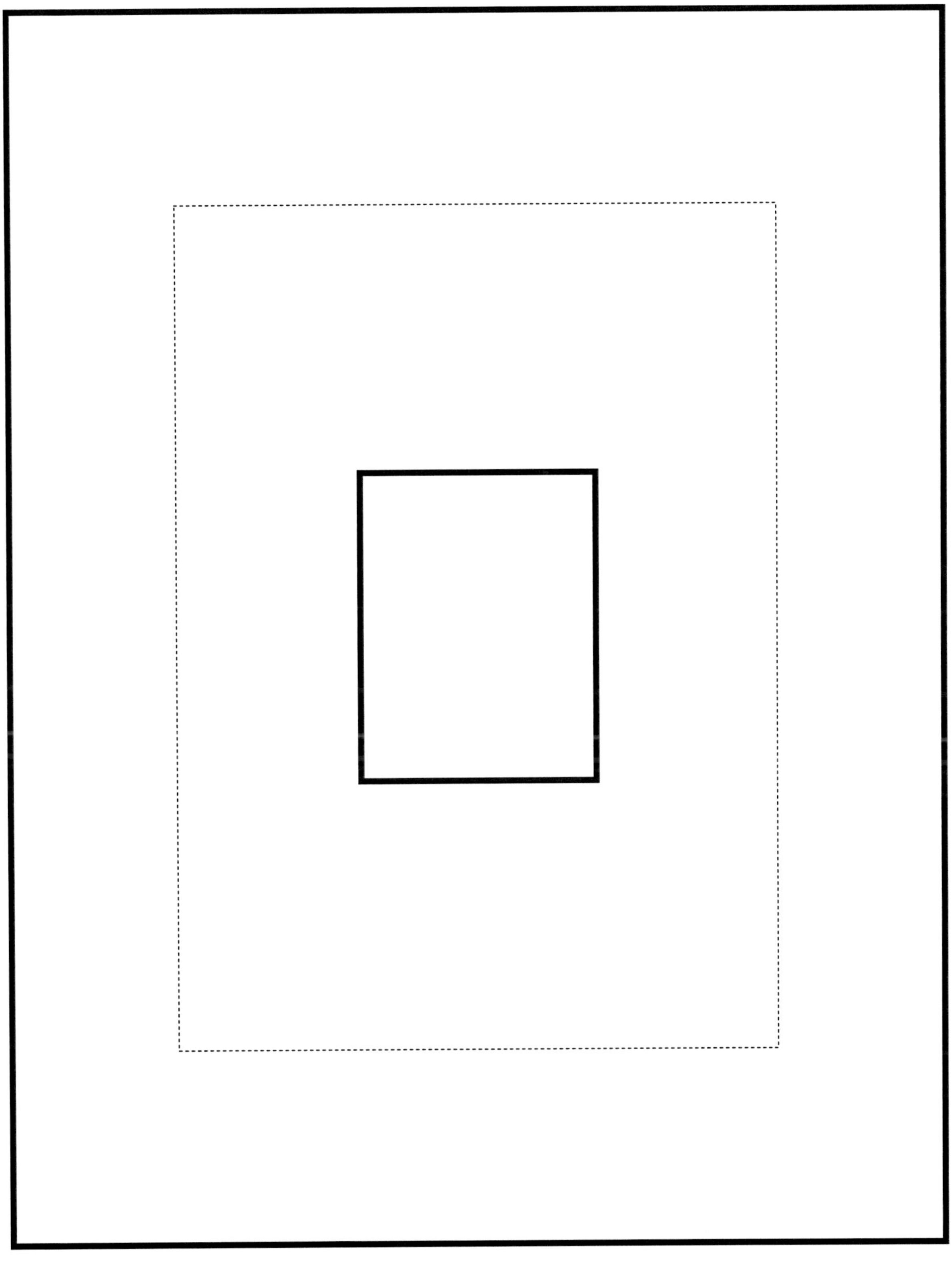

KOHL VERLAG
Stärkung der Auge-Hand-Koordination
Ganz einfache Übungen – Bestell-Nr. 11 288

Name

Klasse

Datum

Nachspuren 2

Zeichne Ovale in vielen verschiedenen Farben! Vermeide es, die Begrenzungen zu überschreiten!

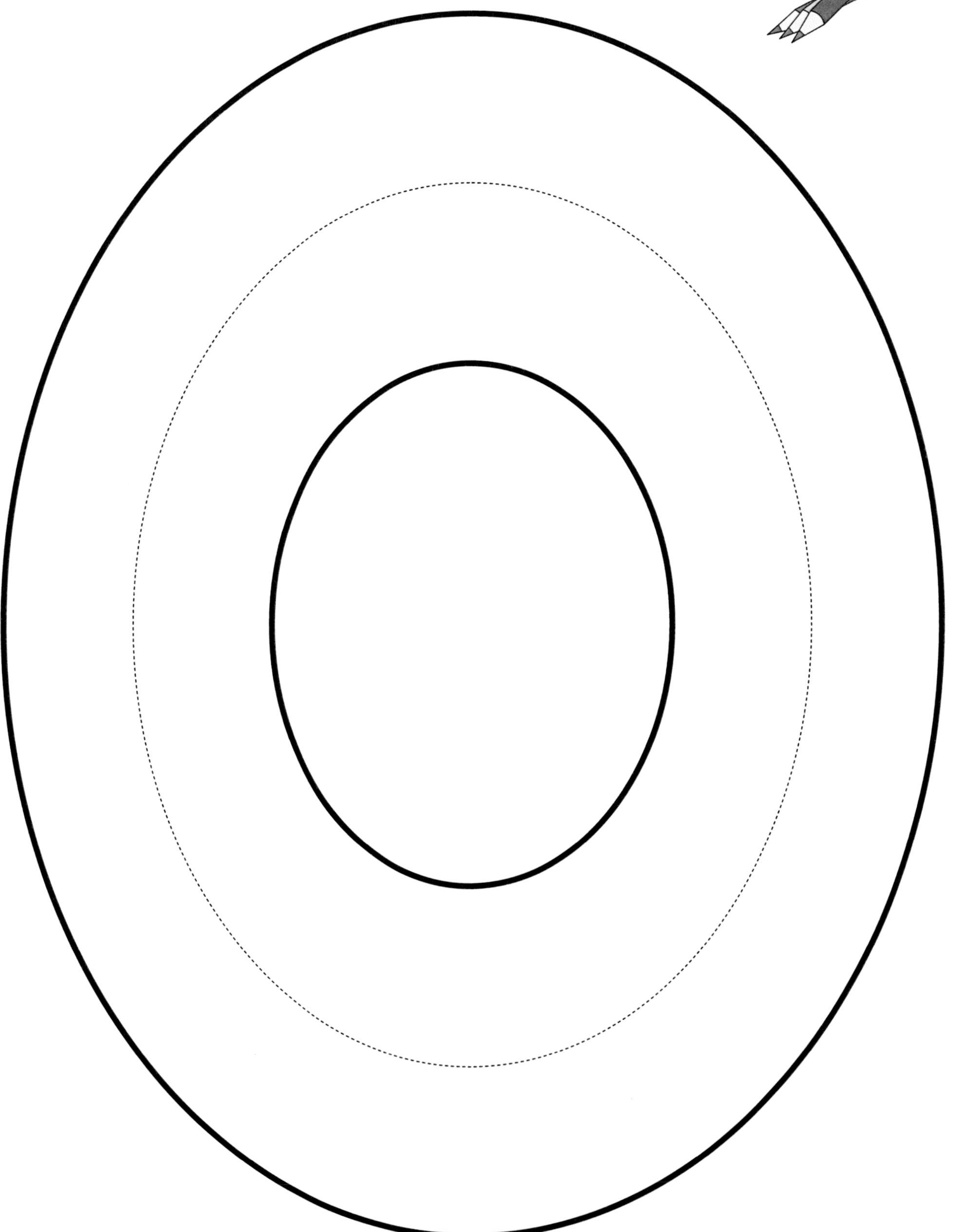

KOHL VERLAG Stärkung der Auge-Hand-Koordination – Ganz einfache Übungen – Bestell-Nr. 11 288

Name

Klasse

Datum

Nachspuren 3

Zeichne Rauten in vielen verschiedenen Farben! Vermeide es, die Begrenzungen zu überschreiten!

Lernen mit Erfolg KOHL VERLAG
Stärkung der Auge-Hand-Koordination
Ganz einfache Übungen – Bestell-Nr. 11 288

Name

Klasse

Datum

Nachspuren 4

Zeichne Sechsecke in vielen verschiedenen Farben! Vermeide es, die Begrenzungen zu überschreiten!

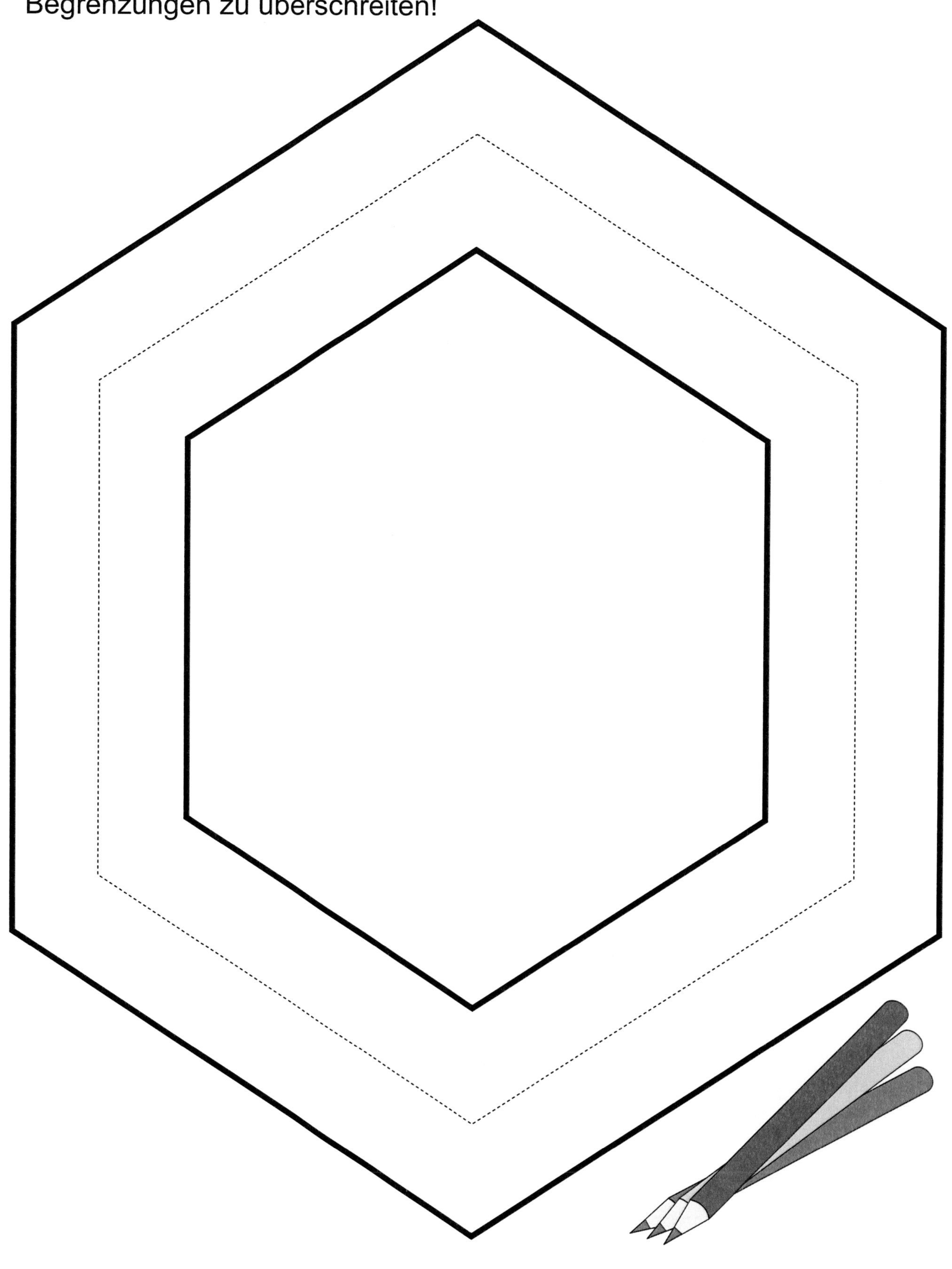

Stärkung der Auge-Hand-Koordination
Ganz einfache Übungen • Bestell-Nr. 11 288
KOHL VERLAG

Name

Klasse Datum

Zwei verbinden 1

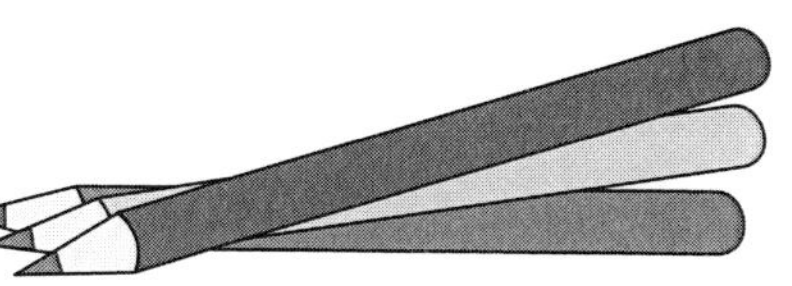

Zeichne jeweils mehrere farbige Verbindungslinien zwischen den gleichen Objekten!

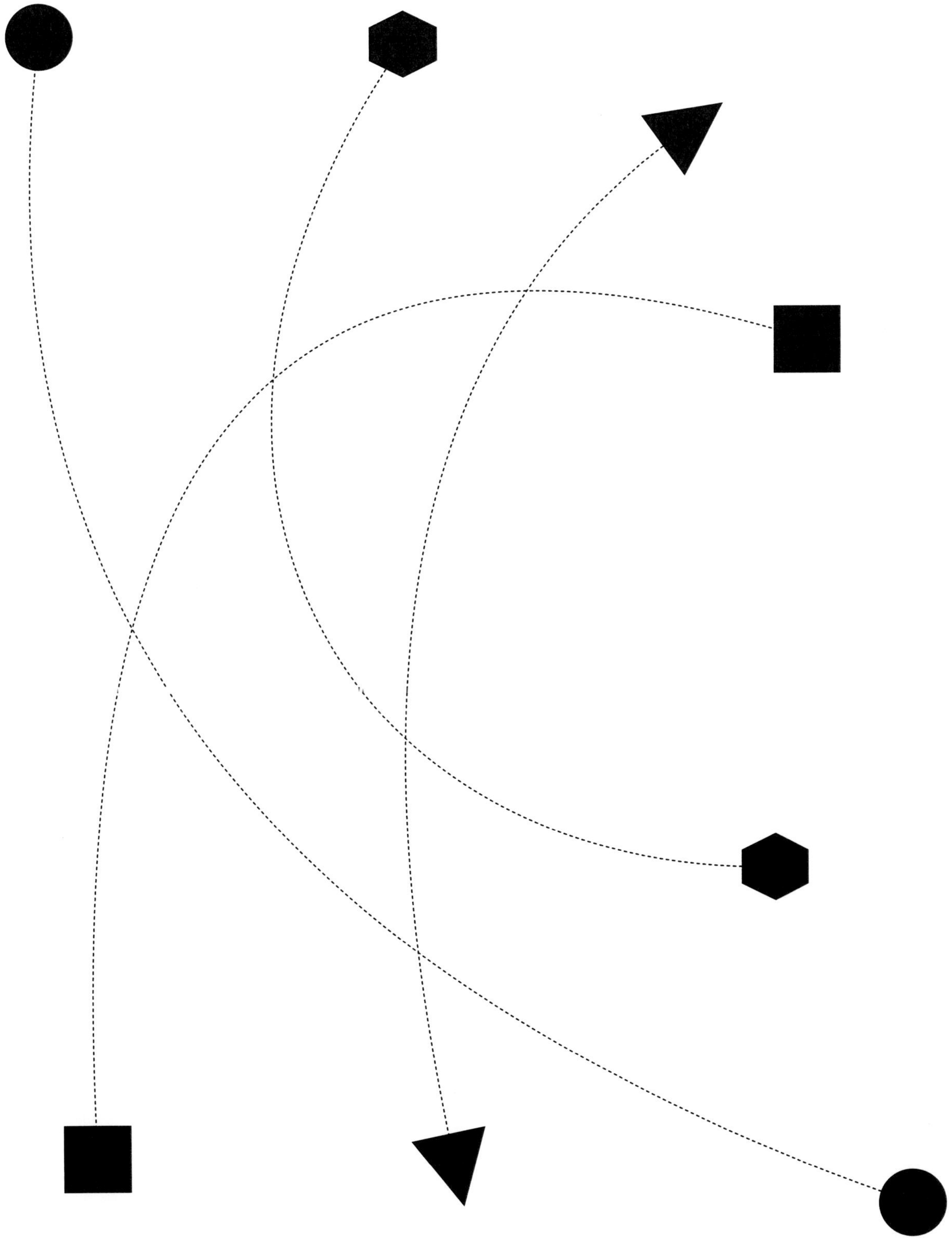

KOHL VERLAG
Stärkung der Auge-Hand-Koordination
Ganz einfache Übungen – Bestell-Nr. 11 288

Name

Klasse

Datum

Zwei verbinden 2

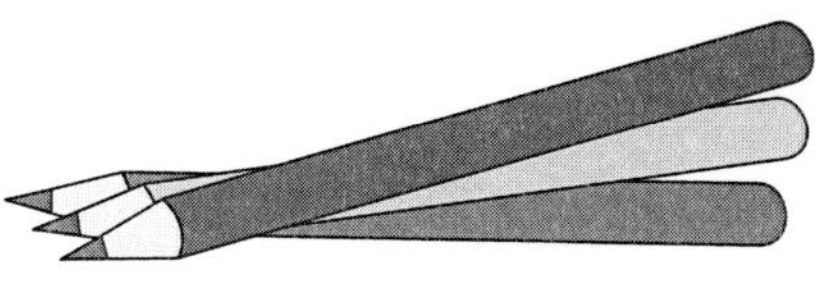

Zeichne jeweils mehrere farbige Verbindungslinien zwischen den gleichen Objekten!

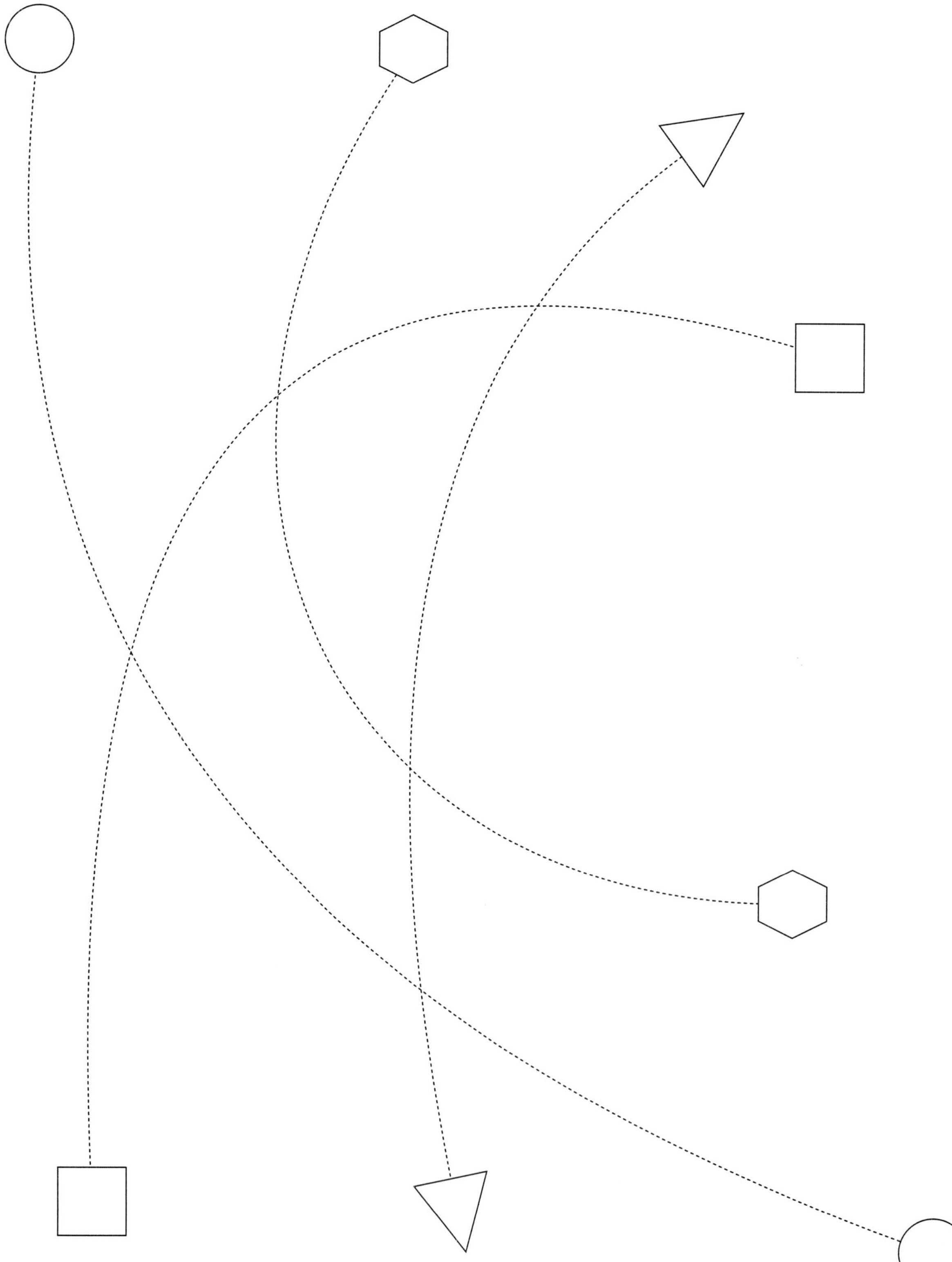

KOHL VERLAG Stärkung der Auge-Hand-Koordination ■ Ganz einfache Übungen ■ Bestell-Nr. 11 288

Name

Klasse Datum

Zwei verbinden 3

Zeichne jeweils mehrere farbige Verbindungslinien zwischen den gleichen Objekten!

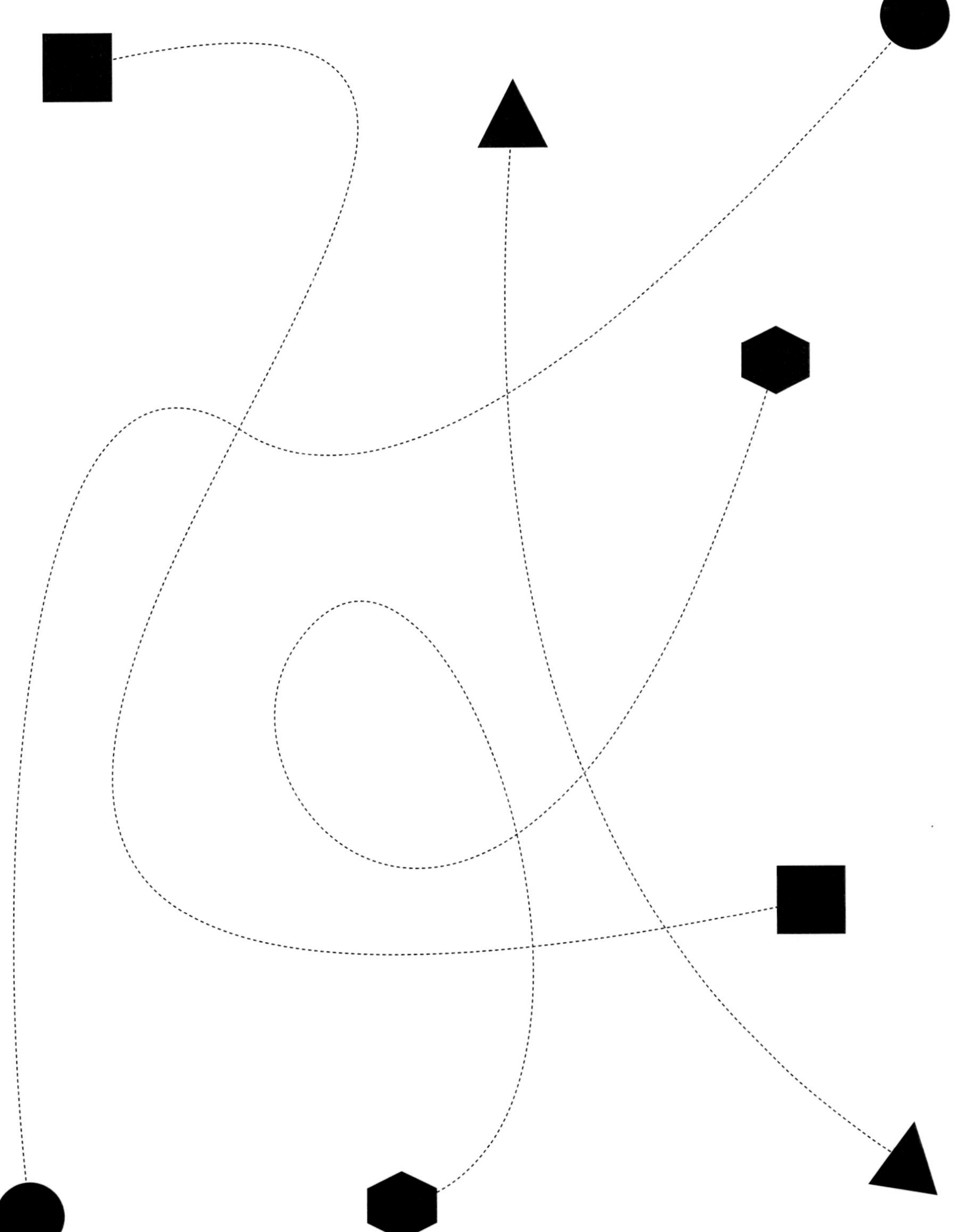

Stärkung der Auge-Hand-Koordination
Ganz einfache Übungen – Bestell-Nr. 11 288
KOHL VERLAG

Name

Klasse

Datum

Zwei verbinden 4

Zeichne jeweils mehrere farbige Verbindungslinien zwischen den gleichen Objekten!

KOHL VERLAG Lernen mit Erfolg
Stärkung der Auge-Hand-Koordination
Ganz einfache Übungen – Bestell-Nr. 11 288

Name

Klasse

Datum

Quadratpuzzle 1

Schneide die beiden quadratischen Puzzleteile sorgfältig aus und klebe sie so aufeinander, dass das Bild eines Frosches entsteht! Male das fertige Puzzle in deinen Lieblingsfarben aus!

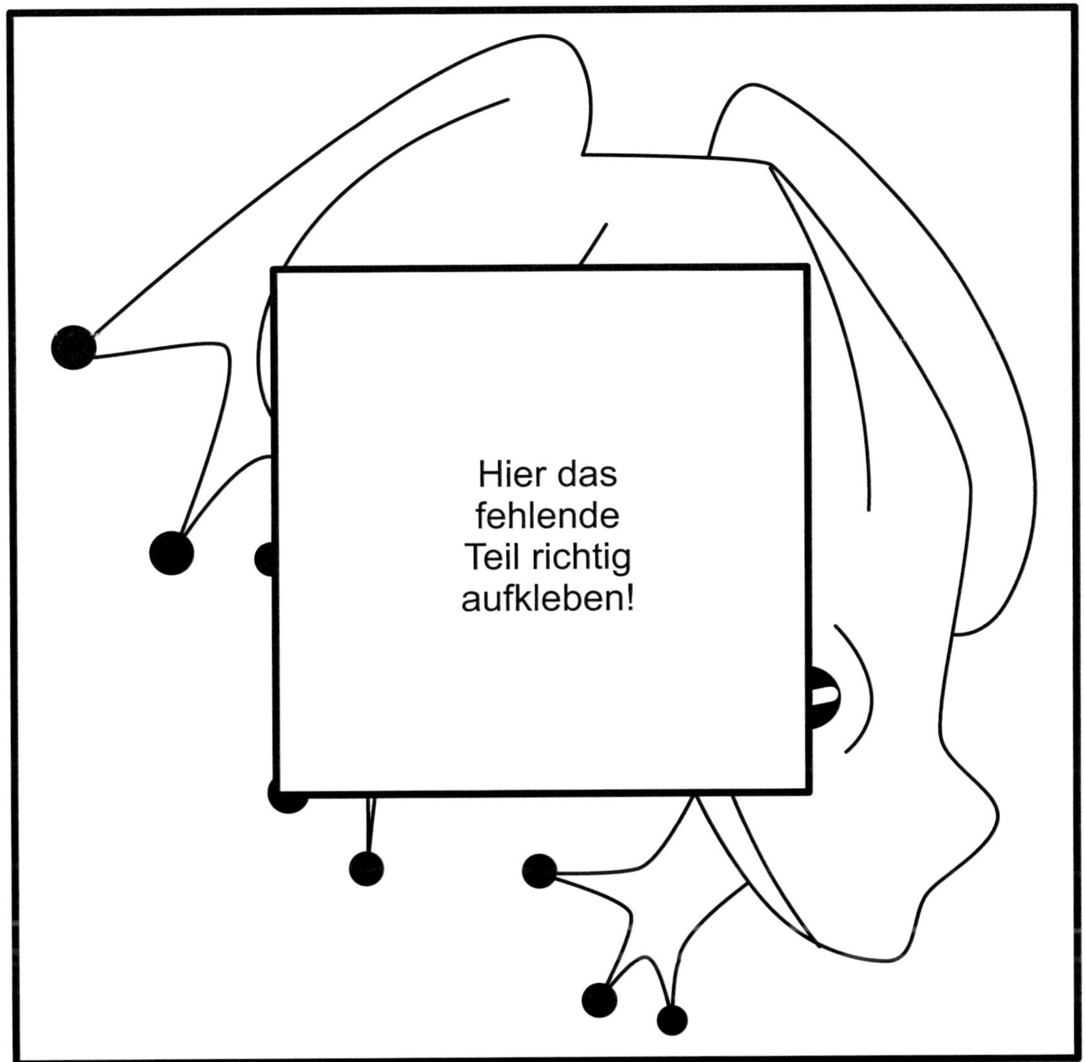

Name

Klasse

Datum

Quadratpuzzle 2

Schneide die beiden quadratischen Puzzleteile sorgfältig aus und klebe sie so aufeinander, dass das Bild eines Abschleppwagens entsteht! Male das fertige Puzzle in deinen Lieblingsfarben aus!

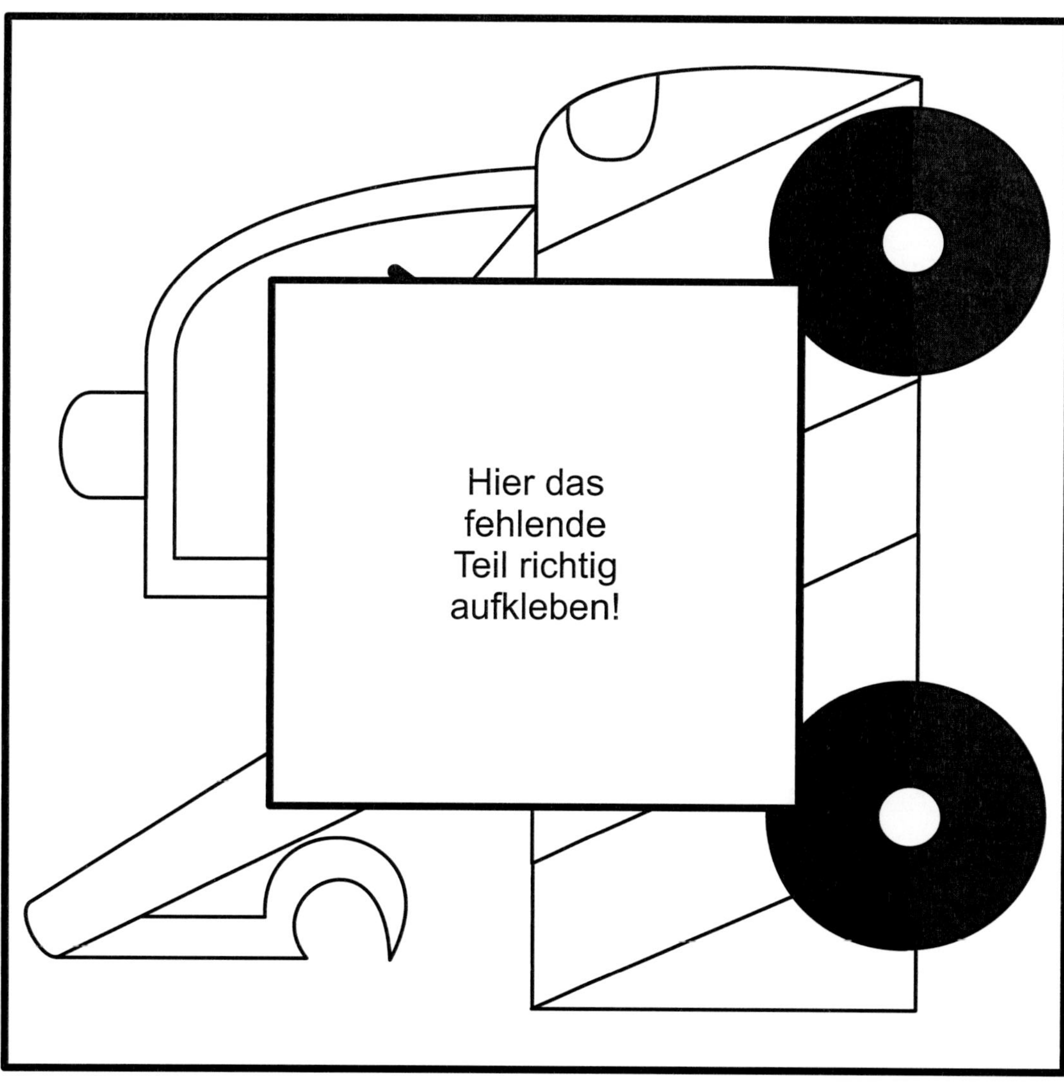

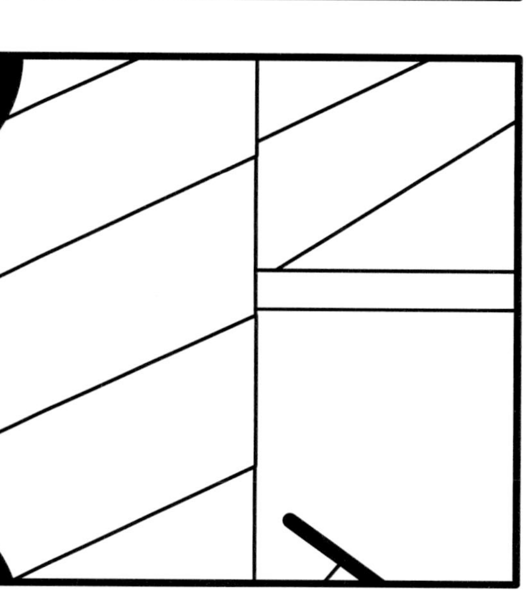

KOHL VERLAG Lernen mit Erfolg
Stärkung der Auge-Hand-Koordination
Ganz einfache Übungen – Bestell-Nr. 11 288

Name

Klasse Datum

Quadratpuzzle 3

Schneide die beiden quadratischen Puzzleteile sorgfältig aus und klebe sie so aufeinander, dass das Bild eines Brummkreisels entsteht! Male das fertige Puzzle in deinen Lieblingsfarben aus!

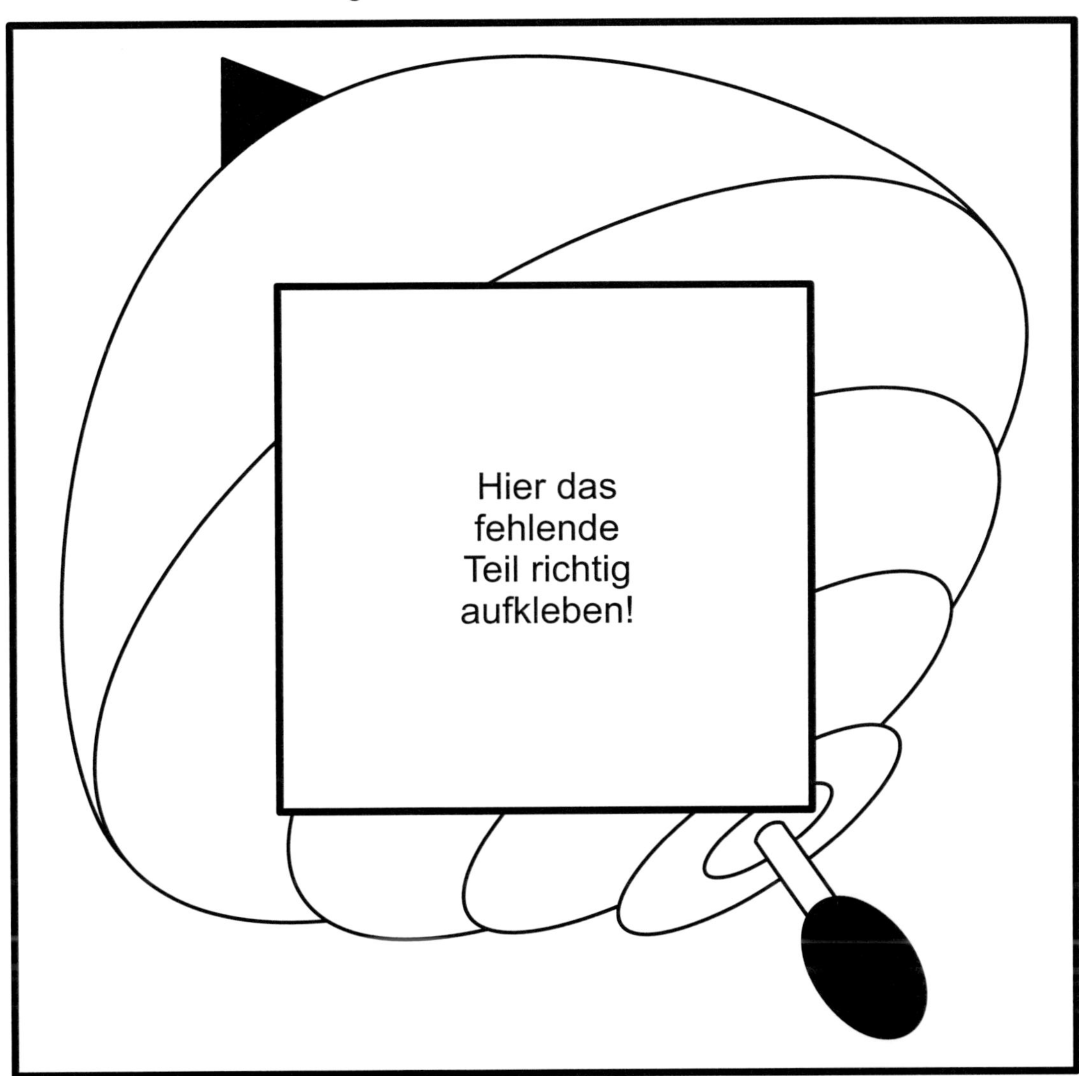

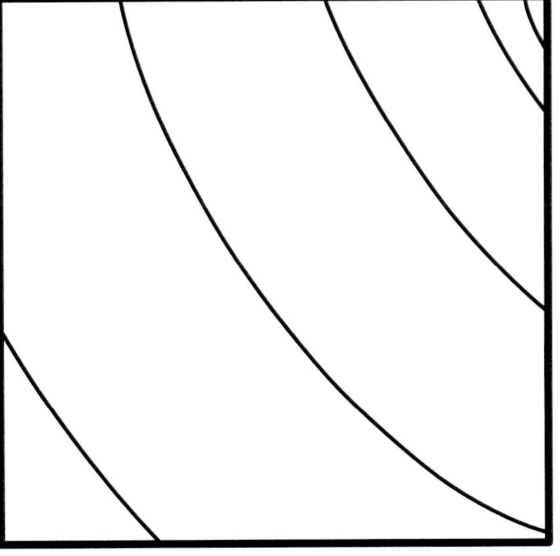

KOHL VERLAG
Stärkung der Auge-Hand-Koordination
Ganz einfache Übungen – Bestell-Nr. 11 288

Name

Klasse

Datum

Quadratpuzzle 4

Schneide die beiden quadratischen Puzzleteile sorgfältig aus und klebe sie so aufeinander, dass das Bild einer Königskrone entsteht! Male das fertige Puzzle in deinen Lieblingsfarben aus!

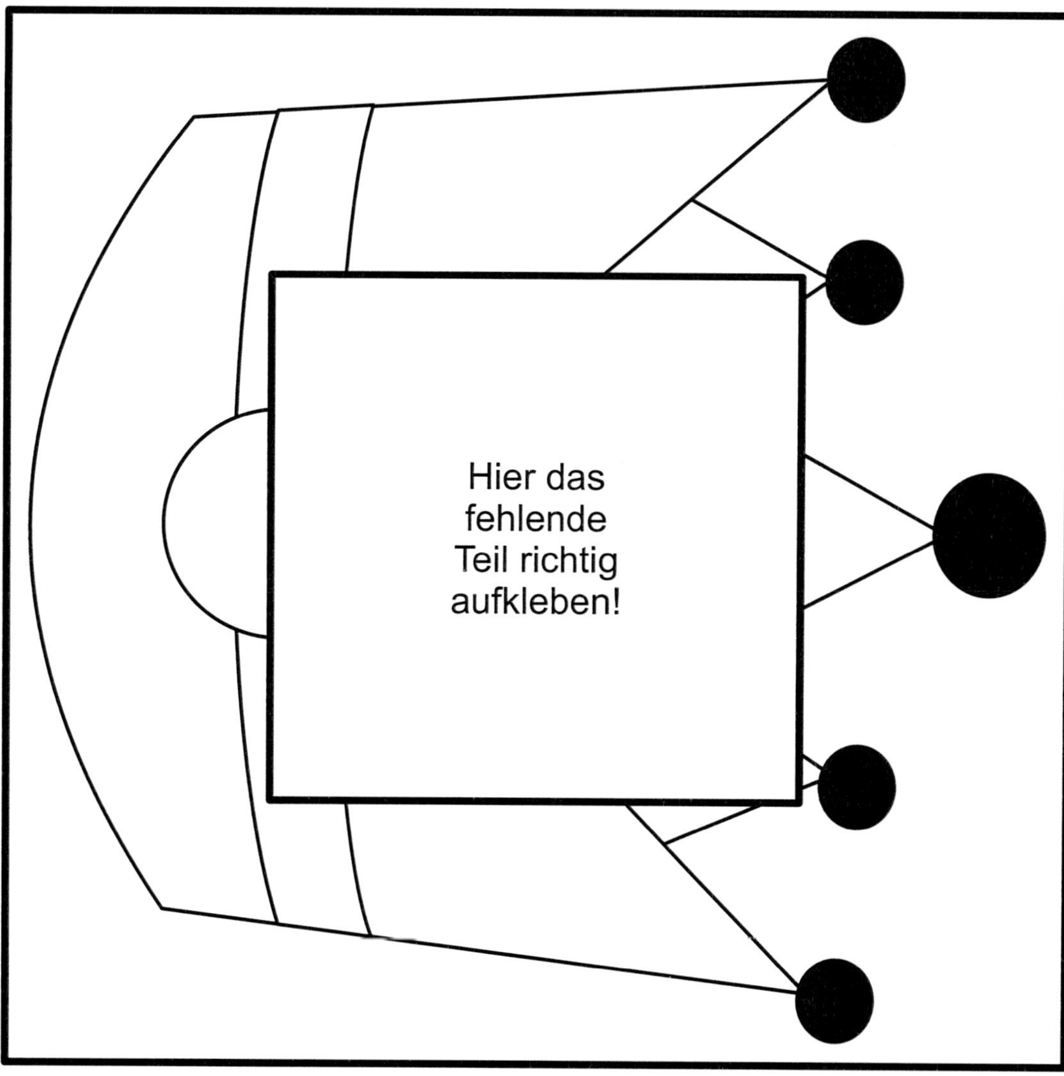

KOHL VERLAG
Stärkung der Auge-Hand-Koordination

Name | Klasse | Datum

Streifenpuzzle 1

Schneide die drei Puzzlestreifen sorgfältig aus und klebe sie so auf ein Blatt Papier, dass das Bild eines Kleides entsteht! Male das fertige Puzzle in deinen Lieblingsfarben aus!

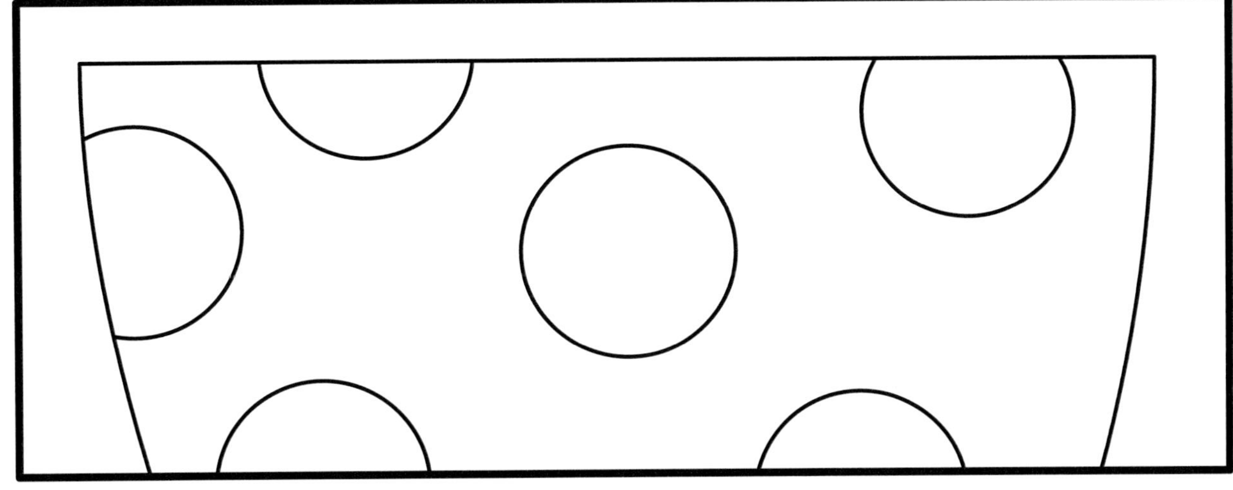

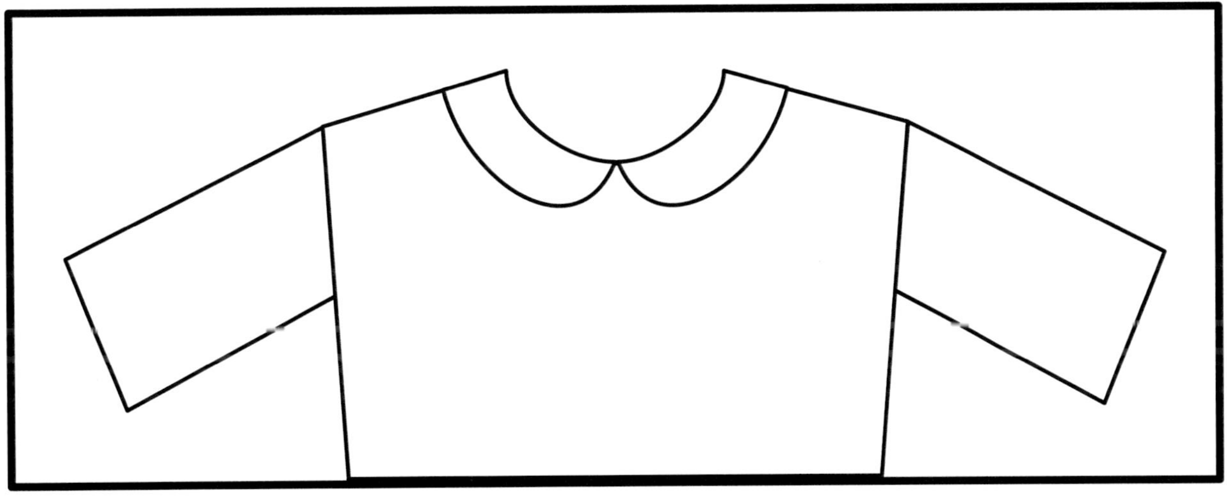

Name

Klasse

Datum

Streifenpuzzle 2

Schneide die drei Puzzlestreifen sorgfältig aus und klebe sie so auf ein Blatt Papier, dass das Bild eines Weckers entsteht! Male das fertige Puzzle in deinen Lieblingsfarben aus!

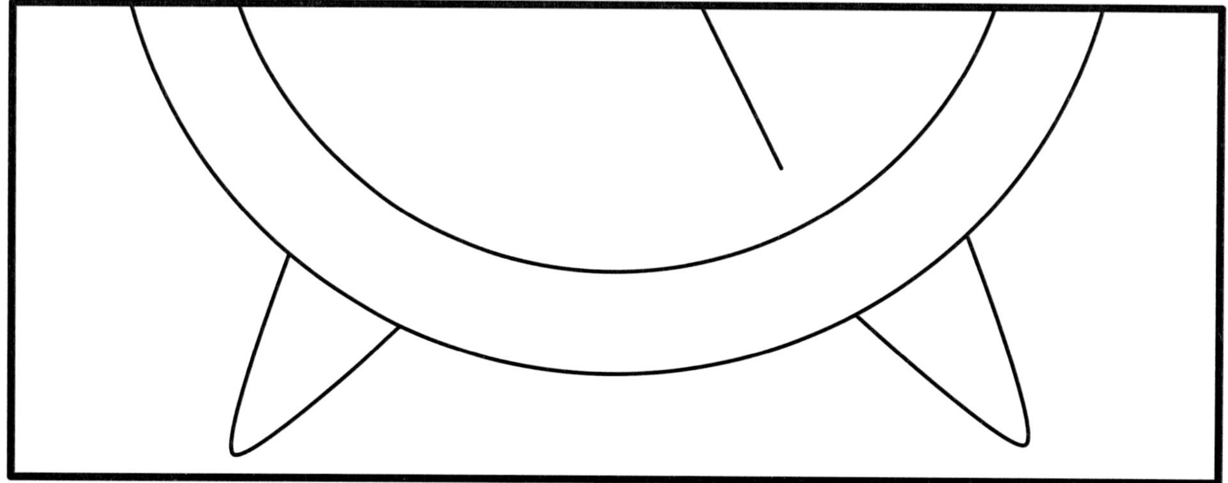

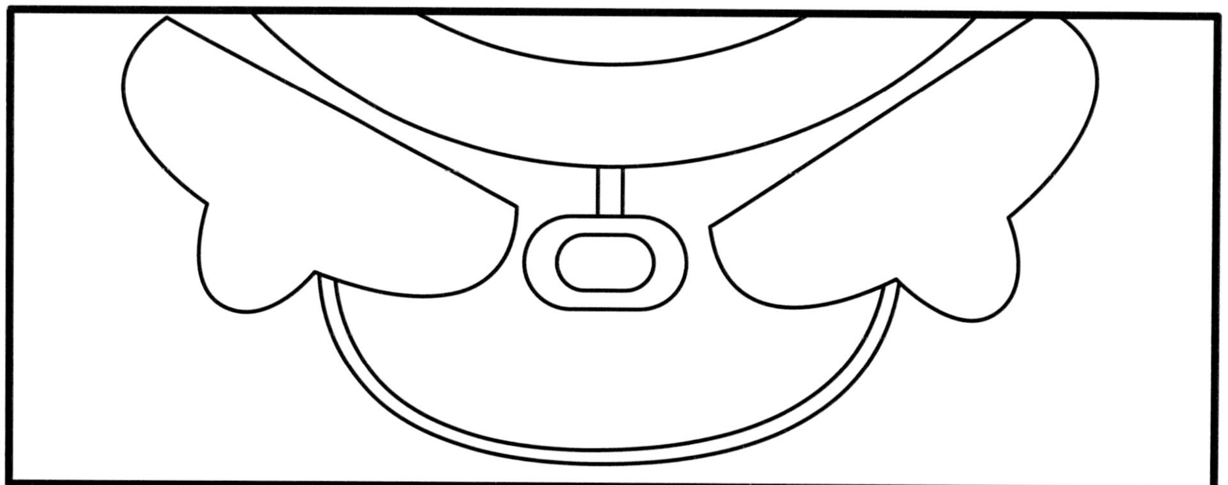

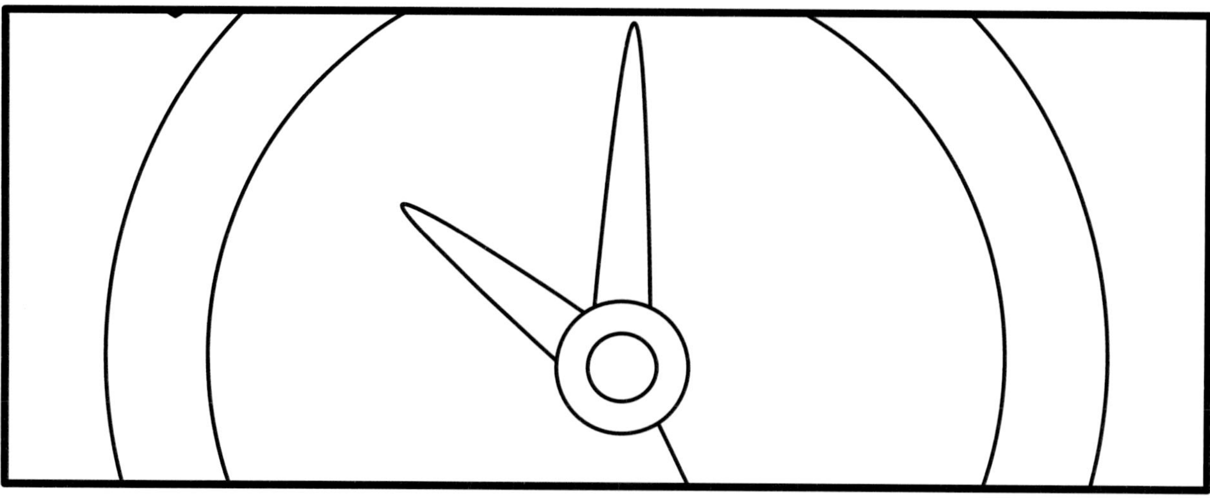

KOHL VERLAG
Stärkung der Auge-Hand-Koordination
Ganz einfache Übungen – Bestell-Nr. 11 288

Name

Klasse

Datum

Streifenpuzzle 3

Schneide die drei Puzzlestreifen sorgfältig aus und klebe sie so auf ein Blatt Papier, dass das Bild eines Teddybären entsteht! Male das fertige Puzzle in deinen Lieblingsfarben aus!

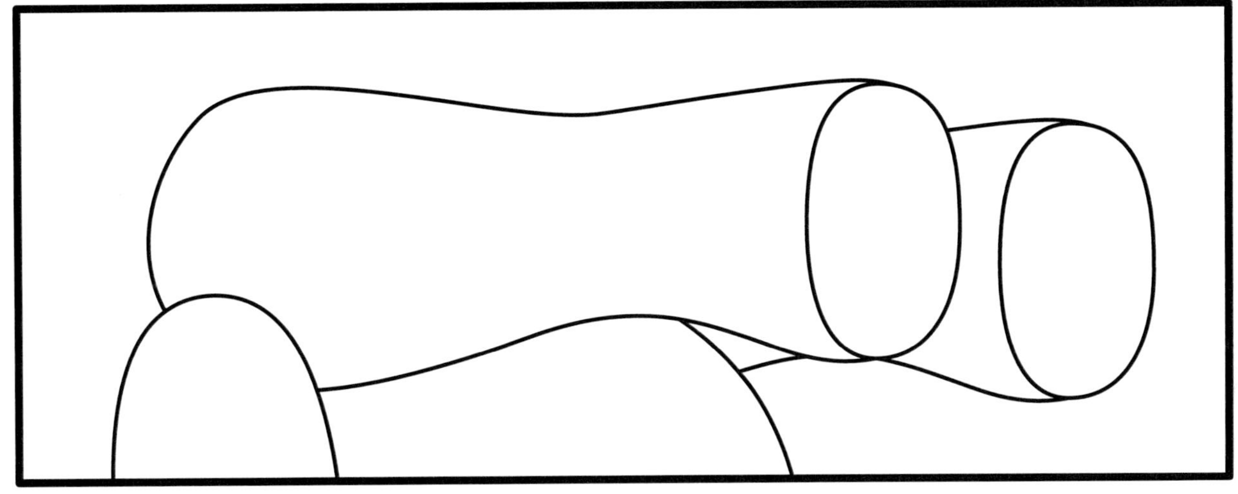

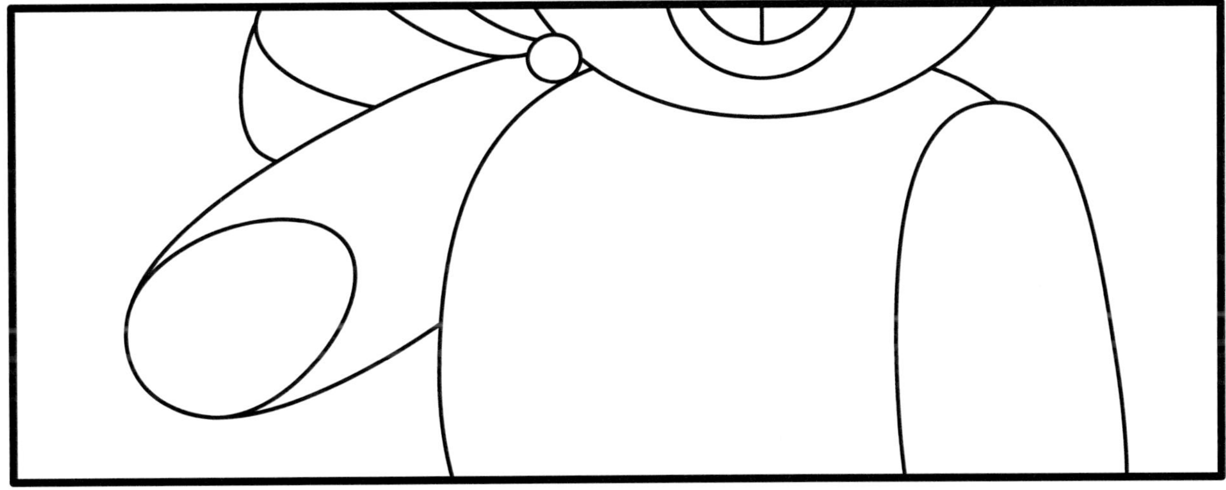

KOHL VERLAG Stärkung der Auge-Hand-Koordination Ganz einfache Übungen – Bestell-Nr. 11 288

Name

Klasse

Datum

Streifenpuzzle 4

Schneide die drei Puzzlestreifen sorgfältig aus und klebe sie so auf ein Blatt Papier, dass das Bild eines Windspiels entsteht! Male das fertige Puzzle in deinen Lieblingsfarben aus!

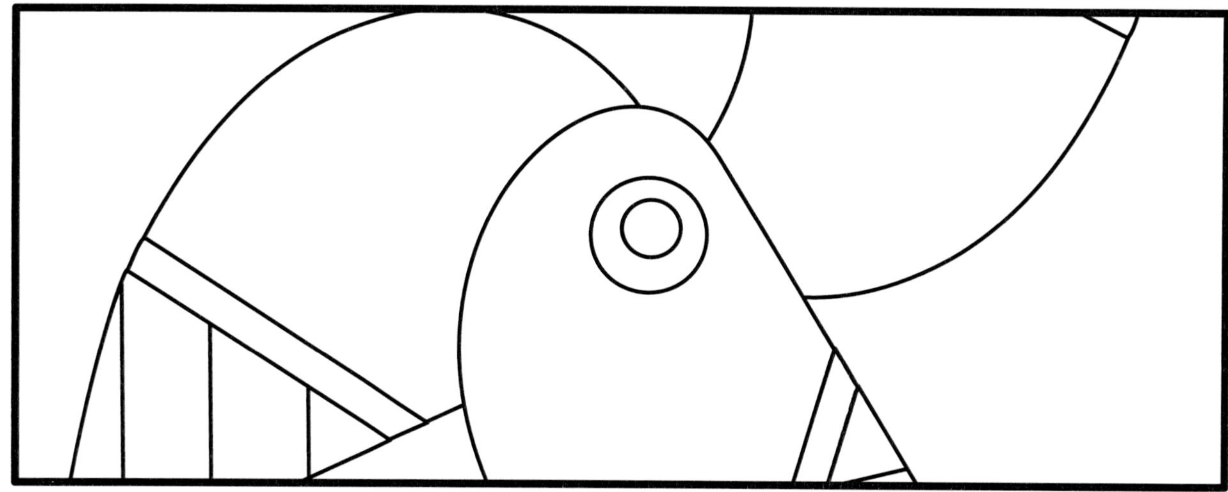

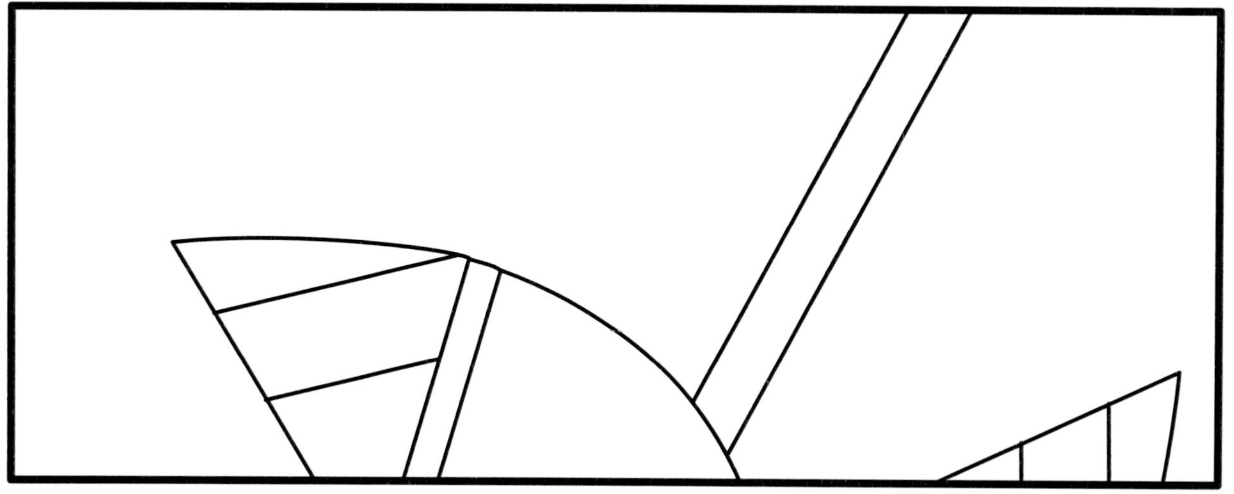

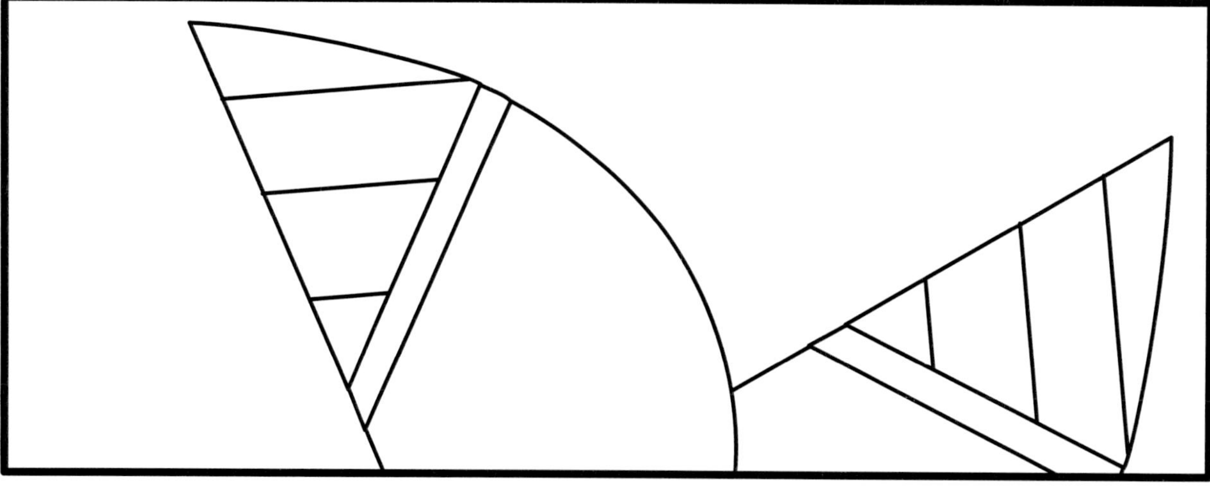

KOHL VERLAG Lernen mit Erfolg
Stärkung der Auge-Hand-Koordination

Name

Klasse

Datum

Die gleiche Form 1

Suche in den unteren neun Feldern jeweils die gleiche Form heraus, die du oben siehst. Male deren gestrichelte Linien mehrmals mit verschiedenfarbigen Stiften nach!

Name

Klasse

Datum

Die gleiche Form 2

Suche in den unteren neun Feldern jeweils die gleiche Form heraus, die du oben siehst. Male deren gestrichelte Linien mehrmals mit verschiedenfarbigen Stiften nach!

KOHL VERLAG
Stärkung der Auge-Hand-Koordination

Name

Klasse

Datum

Die gleiche Form 3

Suche in den unteren neun Feldern jeweils die gleiche Form heraus, die du oben siehst. Male deren gestrichelte Linien mehrmals mit verschiedenfarbigen Stiften nach!

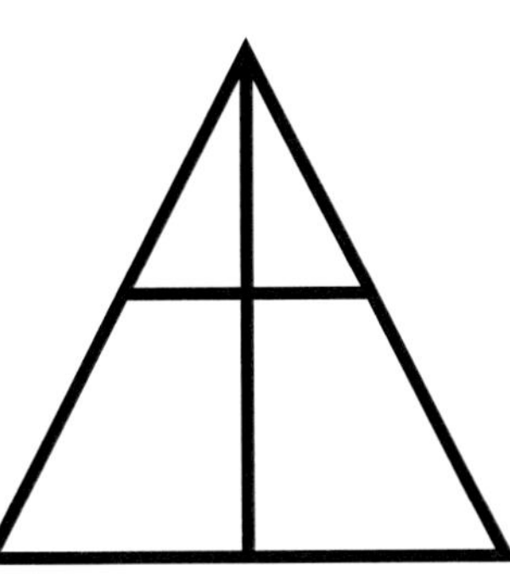

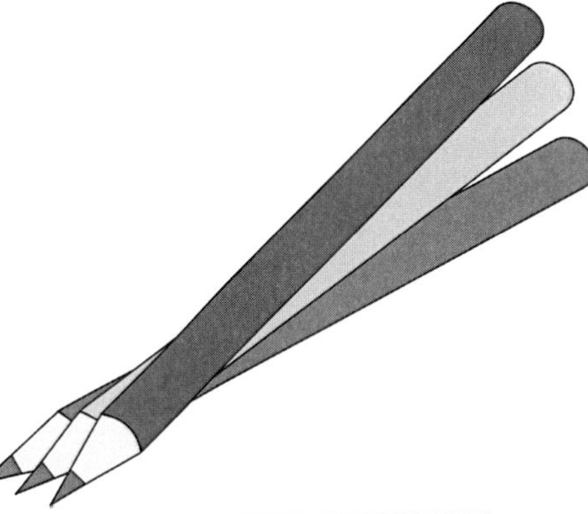

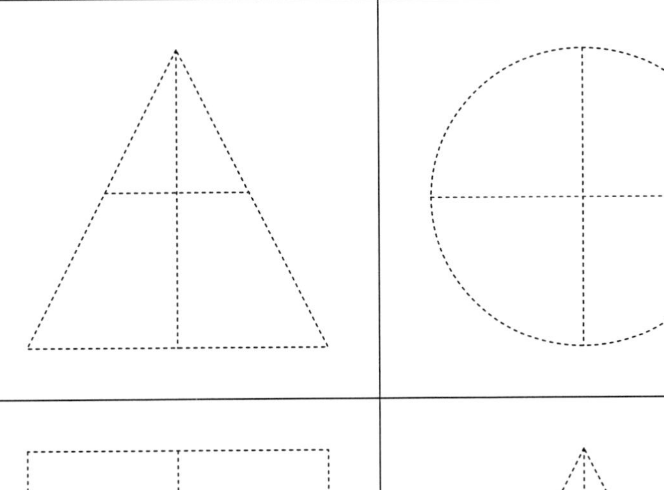

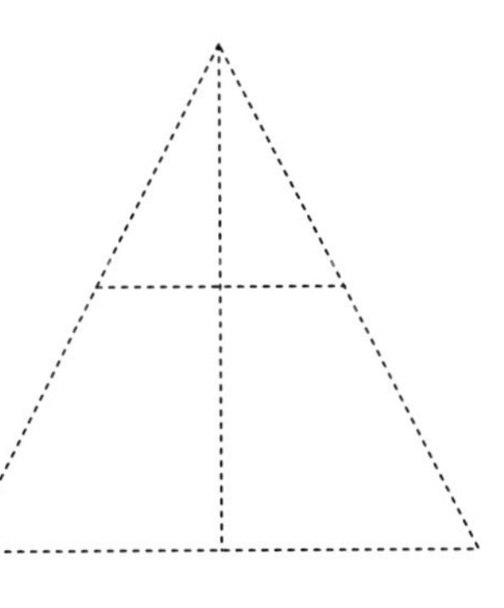

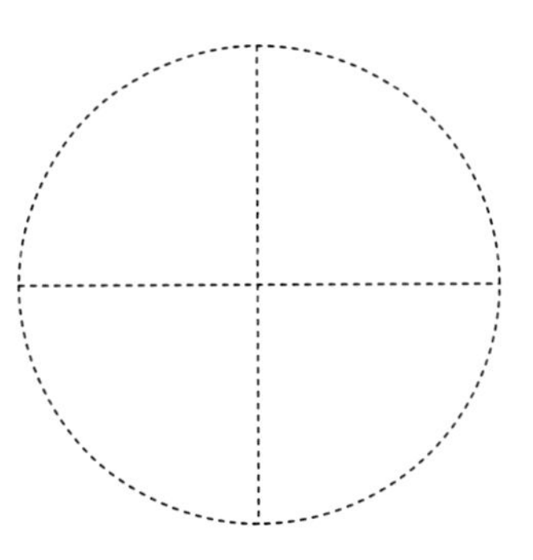

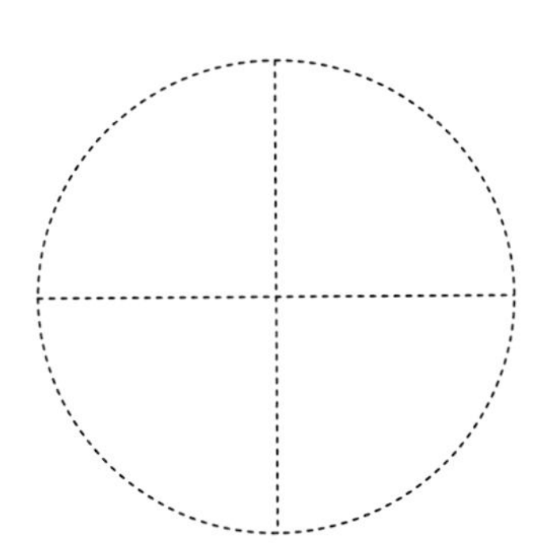

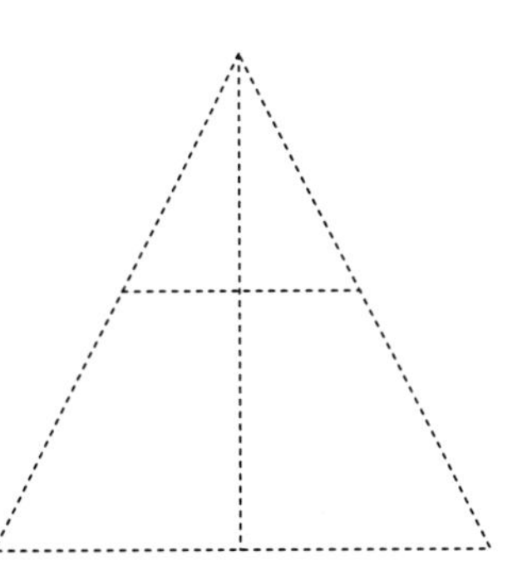

KOHL VERLAG Stärkung der Auge-Hand-Koordination Ganz einfache Übungen – Bestell-Nr. 11 288

Name

Klasse

Datum

Die gleiche Form 4

Suche in den unteren neun Feldern jeweils die gleiche Form heraus, die du oben siehst. Male deren gestrichelte Linien mehrmals mit verschiedenfarbigen Stiften nach!

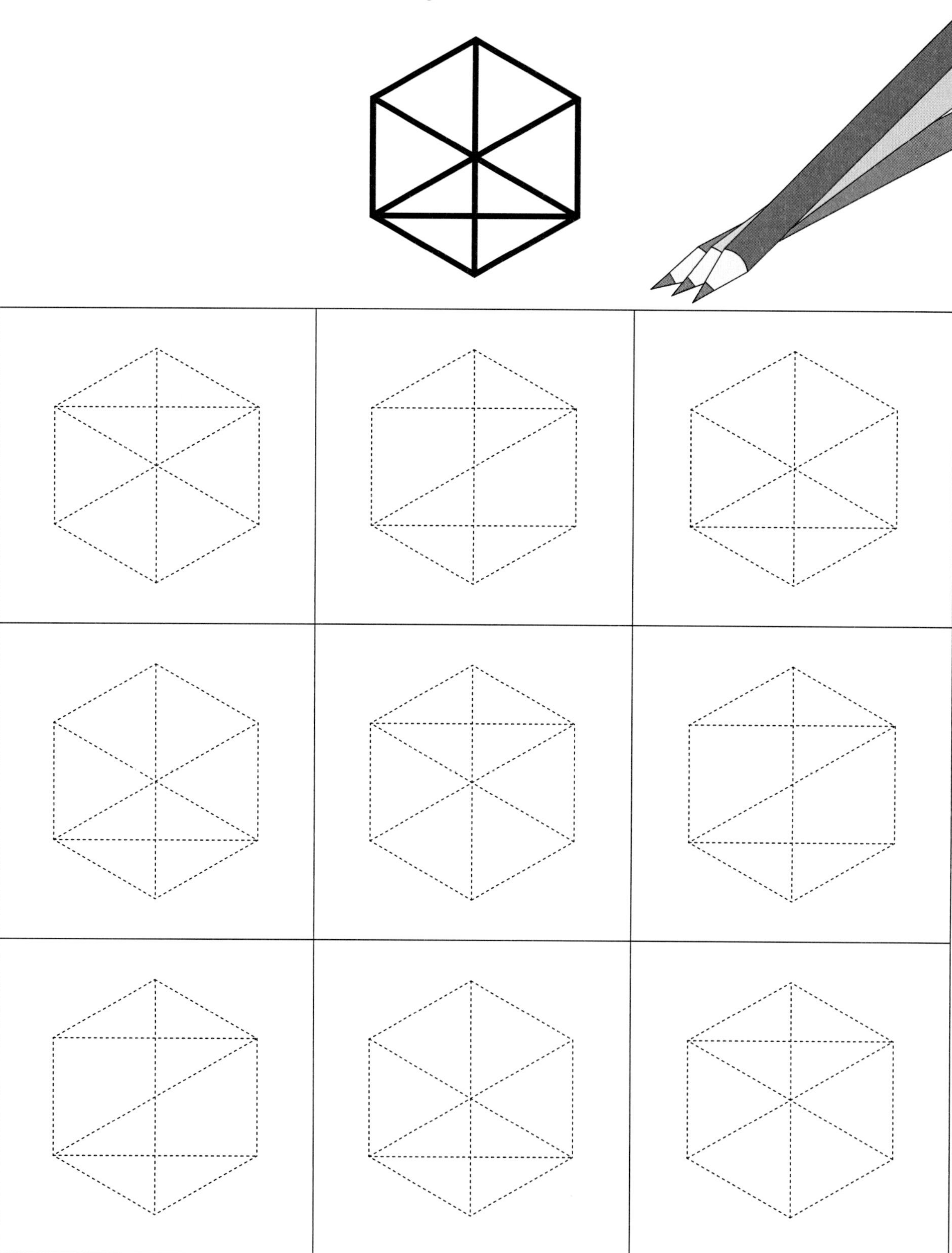

KOHL VERLAG
Stärkung der Auge-Hand-Koordination
Ganz einfache Übungen • Bestell-Nr. 11 288

Name | Klasse | Datum

Muster nachzeichnen 1

Zeichne die gepunkteten Linien mehrmals nach und übertrage dann das Bild rechts in das Punktefeld

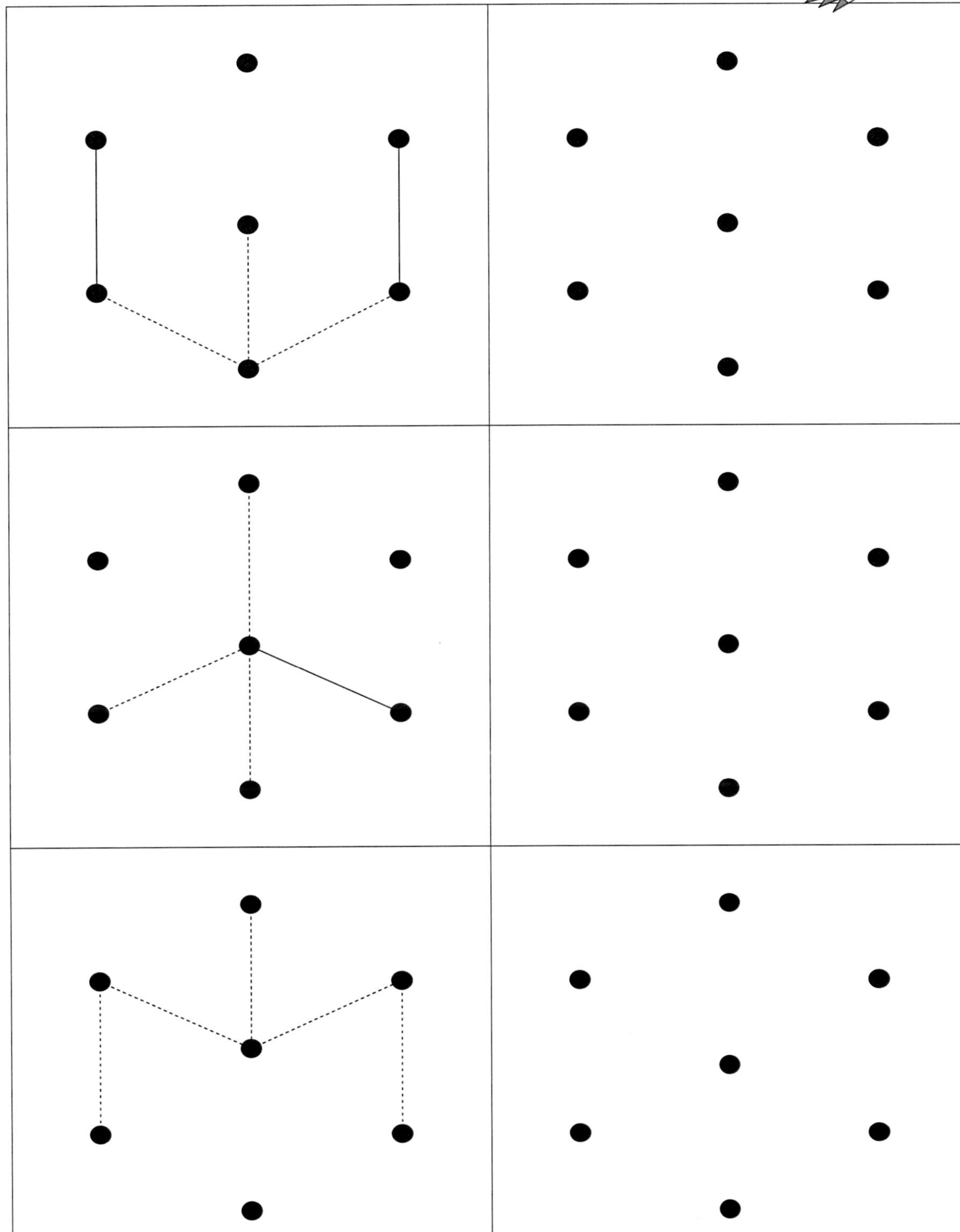

KOHL VERLAG Stärkung der Auge-Hand-Koordination Ganz einfache Übungen – Bestell-Nr. 11 288

Name

Klasse

Datum

Muster nachzeichnen 2

Zeichne die gepunkteten Linien mehrmals nach und übertrage dann das Bild rechts in das Punktefeld

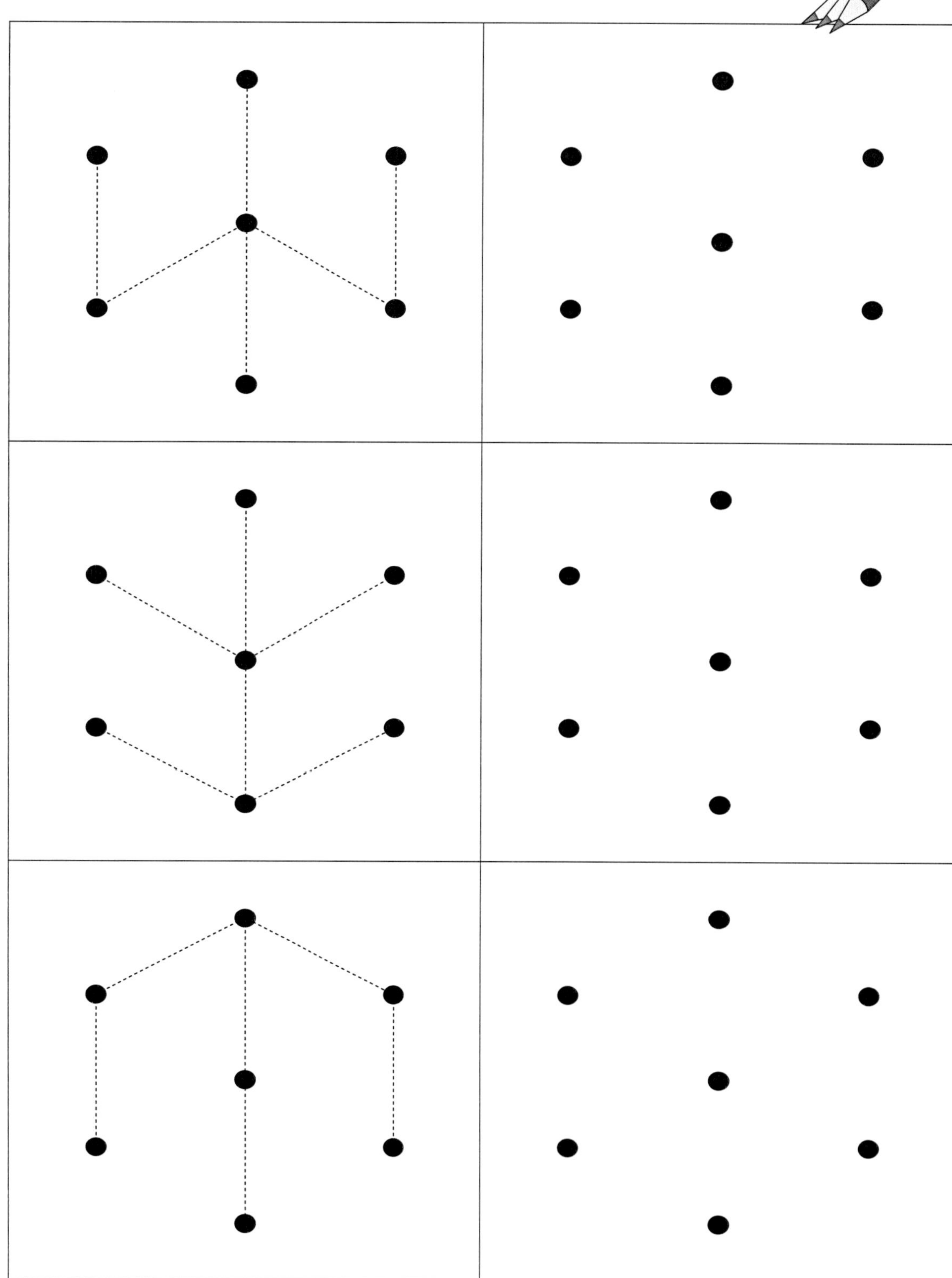

KOHL VERLAG Lernen mit Erfolg
Stärkung der Auge-Hand-Koordination
Ganz einfache Übungen ■ Bestell-Nr. 11 288

Name

Klasse

Datum

Muster nachzeichnen 3

Zeichne die gepunkteten Linien mehrmals nach und übertrage dann das Bild rechts in das Punktefeld

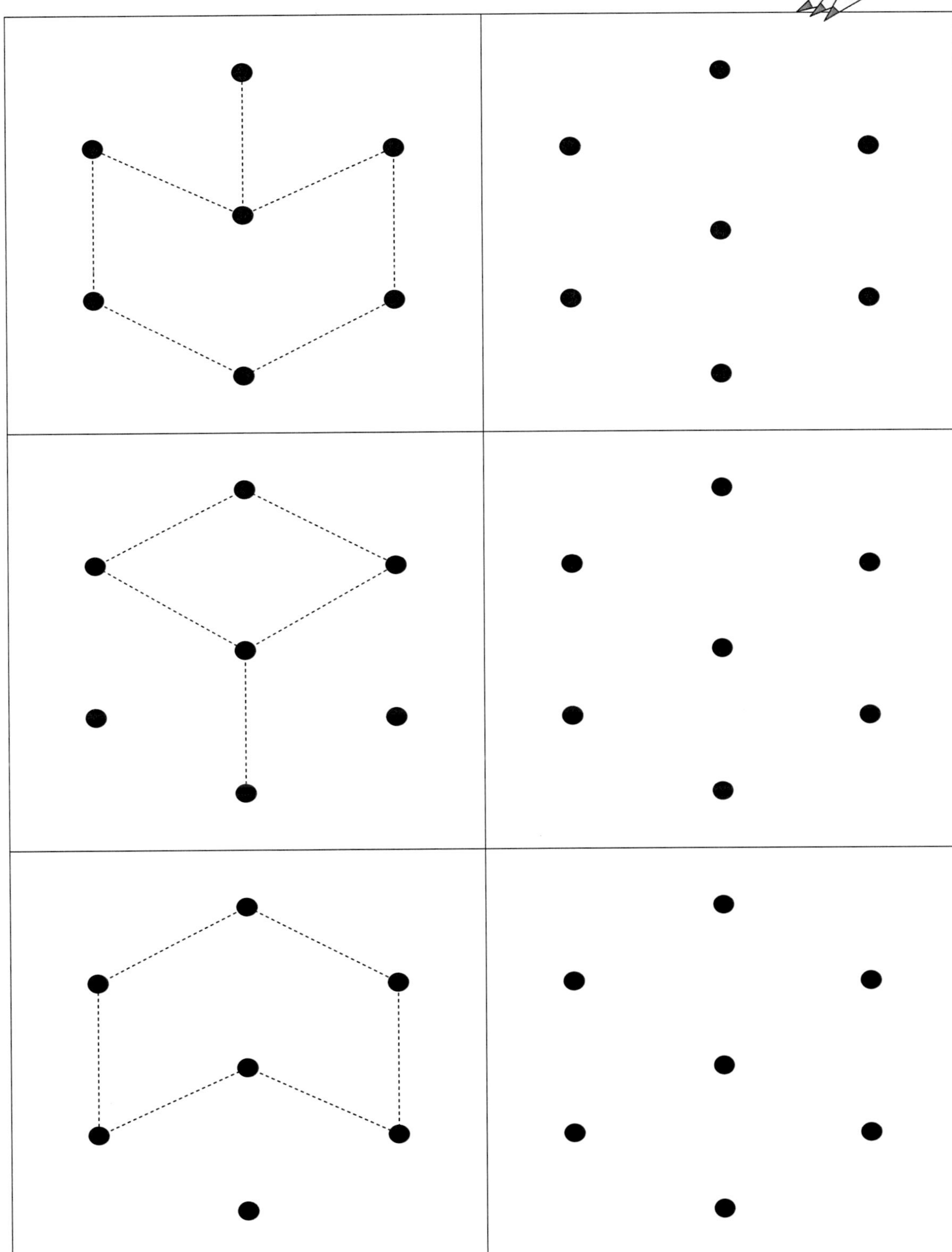

KOHL VERLAG
Stärkung der Auge-Hand-Koordination
Ganz einfache Übungen – Bestell-Nr. 11 288

Name

Klasse

Datum

Muster nachzeichnen 4

Zeichne die gepunkteten Linien mehrmals nach und übertrage dann das Bild rechts in das Punktefeld

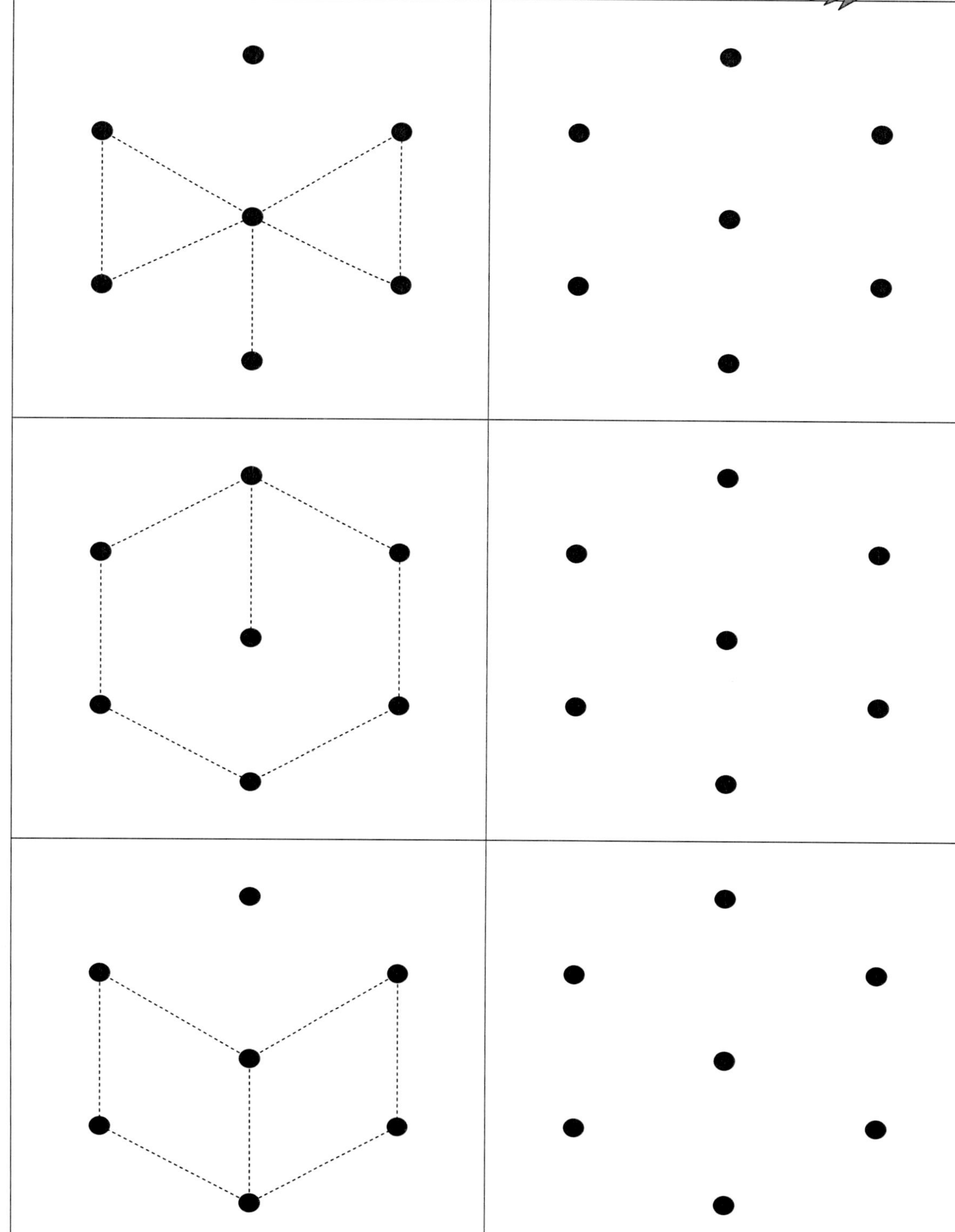

Lernen mit Erfolg KOHL VERLAG Stärkung der Auge-Hand-Koordination – Bestell-Nr. 11 288

Name | Klasse | Datum

Quabbie 1

Zeichne mit einem spitzen Stift die Punktelinien nach und male dann das ganze Bild in deinen Lieblingsfarben aus!

KOHL VERLAG
Stärkung der Auge-Hand-Koordination
Ganz einfache Übungen – Bestell-Nr. 11 288

Name

Klasse

Datum

Quabbie 2

Zeichne mit einem spitzen Stift die Punktelinien nach und male dann das ganze Bild in deinen Lieblingsfarben aus!

KOHL VERLAG Lernen mit Erfolg
Stärkung der Auge-Hand-Koordination
Ganz einfache Übungen – Bestell-Nr. 11 388

Name

Klasse

Datum

Quabbie 3

Zeichne mit einem spitzen Stift die Punktelinien nach und male dann das ganze Bild in deinen Lieblingsfarben aus!

Stärkung der Auge-Hand-Koordination
Ganz einfache Übungen – Bestell-Nr. 11 288
KOHL VERLAG

Name

Klasse

Datum

Quabbie 4

Zeichne mit einem spitzen Stift die Punktelinien nach und male dann das ganze Bild in deinen Lieblingsfarben aus!

KOHL VERLAG Stärkung der Auge-Hand-Koordination Ganz einfache Übungen – Bestell-Nr. 11 288

Name

Klasse

Datum

Punktlinienbilder 1

Zeichne mit einem spitzen Stift die Punktelinien nach und male dann das ganze Bild in deinen Lieblingsfarben aus!

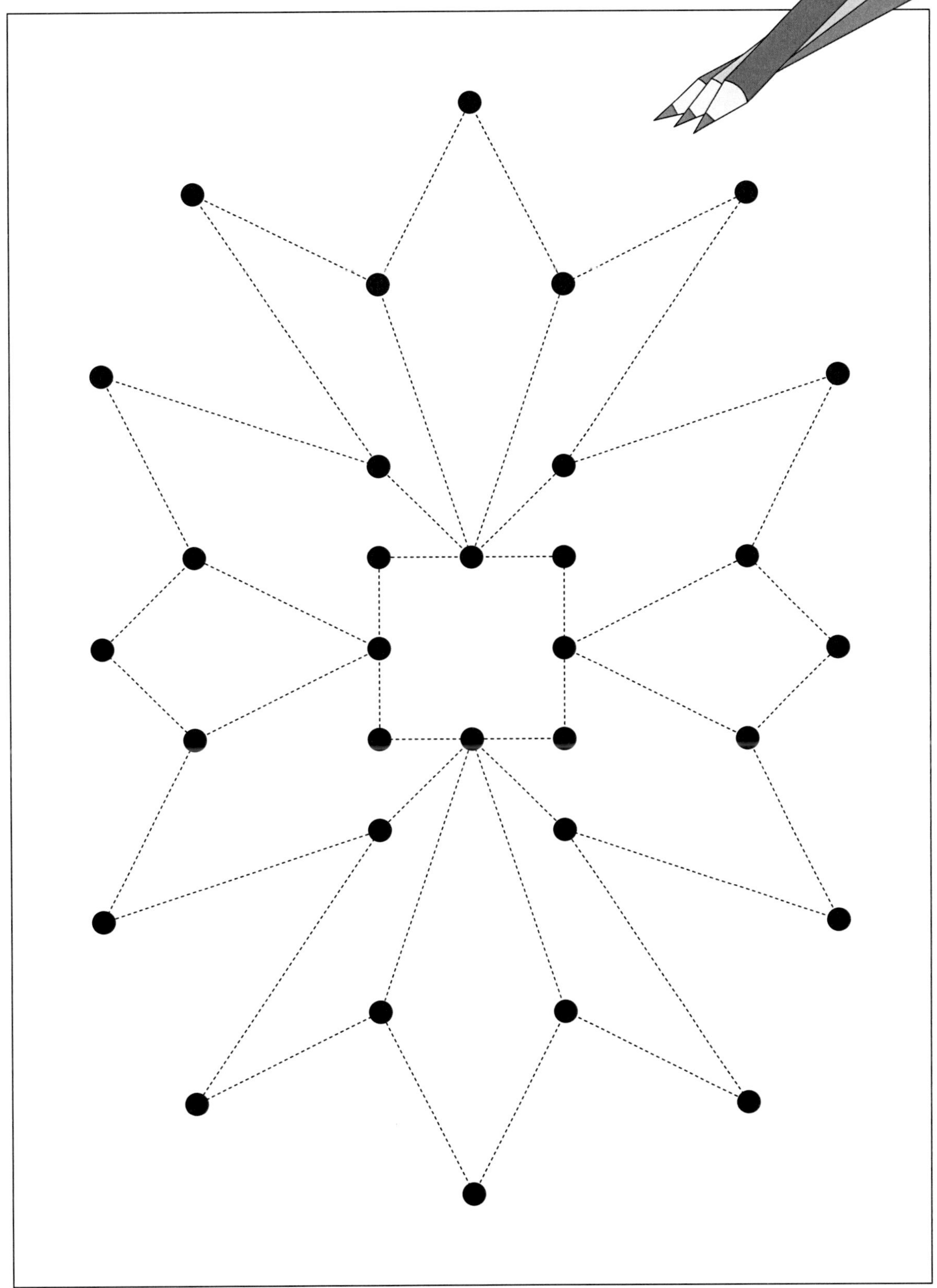

KOHL VERLAG Stärkung der Auge-Hand-Koordination Ganz einfache Übungen – Bestell-Nr. 11 288

Name | Klasse | Datum

Punktlinienbilder 2

Zeichne mit einem spitzen Stift die Punktelinien nach und male dann das ganze Bild in deinen Lieblingsfarben aus!

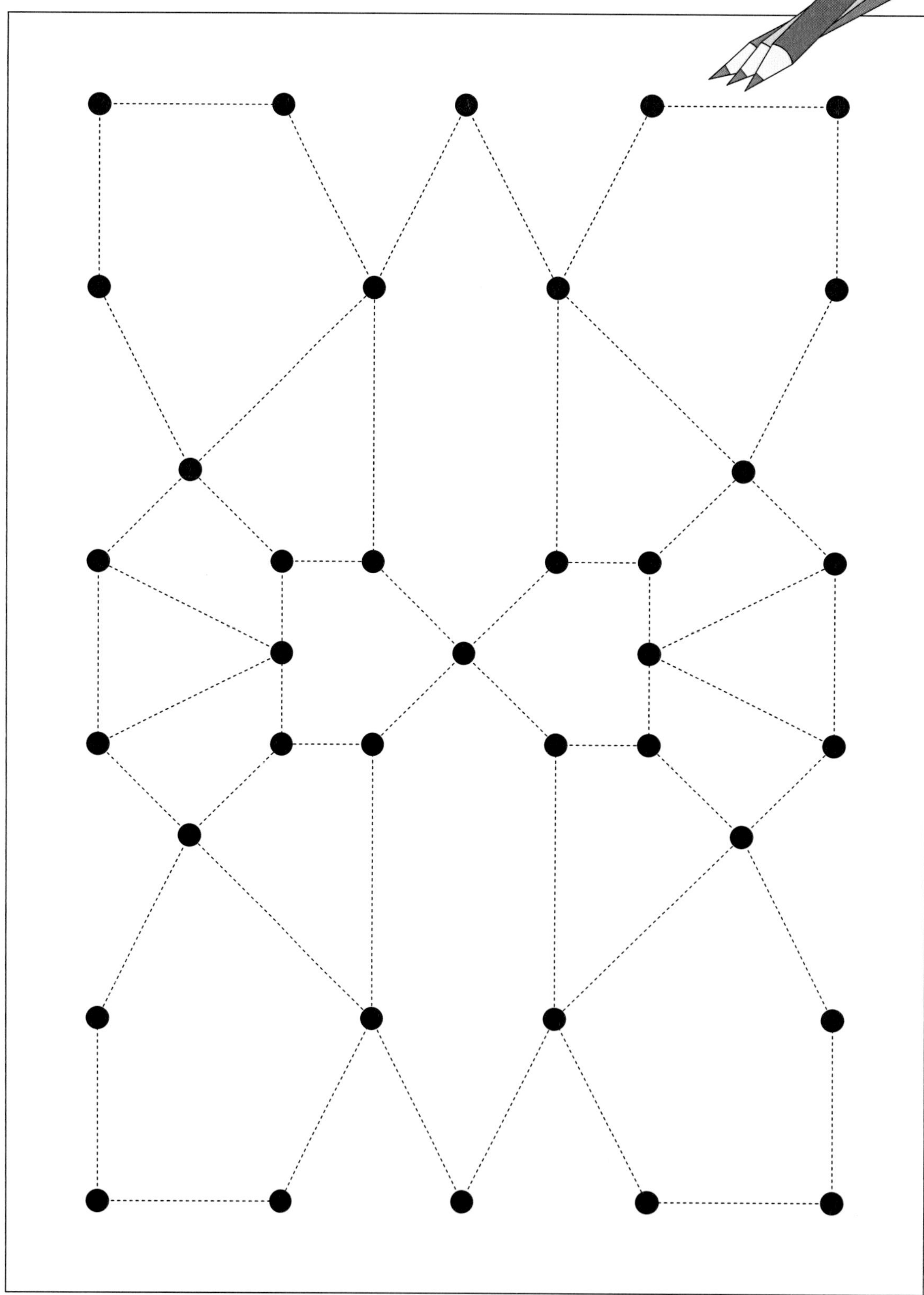

Stärkung der Auge-Hand-Koordination
KOHL VERLAG

Name

Klasse

Datum

Punktlinienbilder 3

Zeichne mit einem spitzen Stift die Punktelinien nach und male dann das ganze Bild in deinen Lieblingsfarben aus!

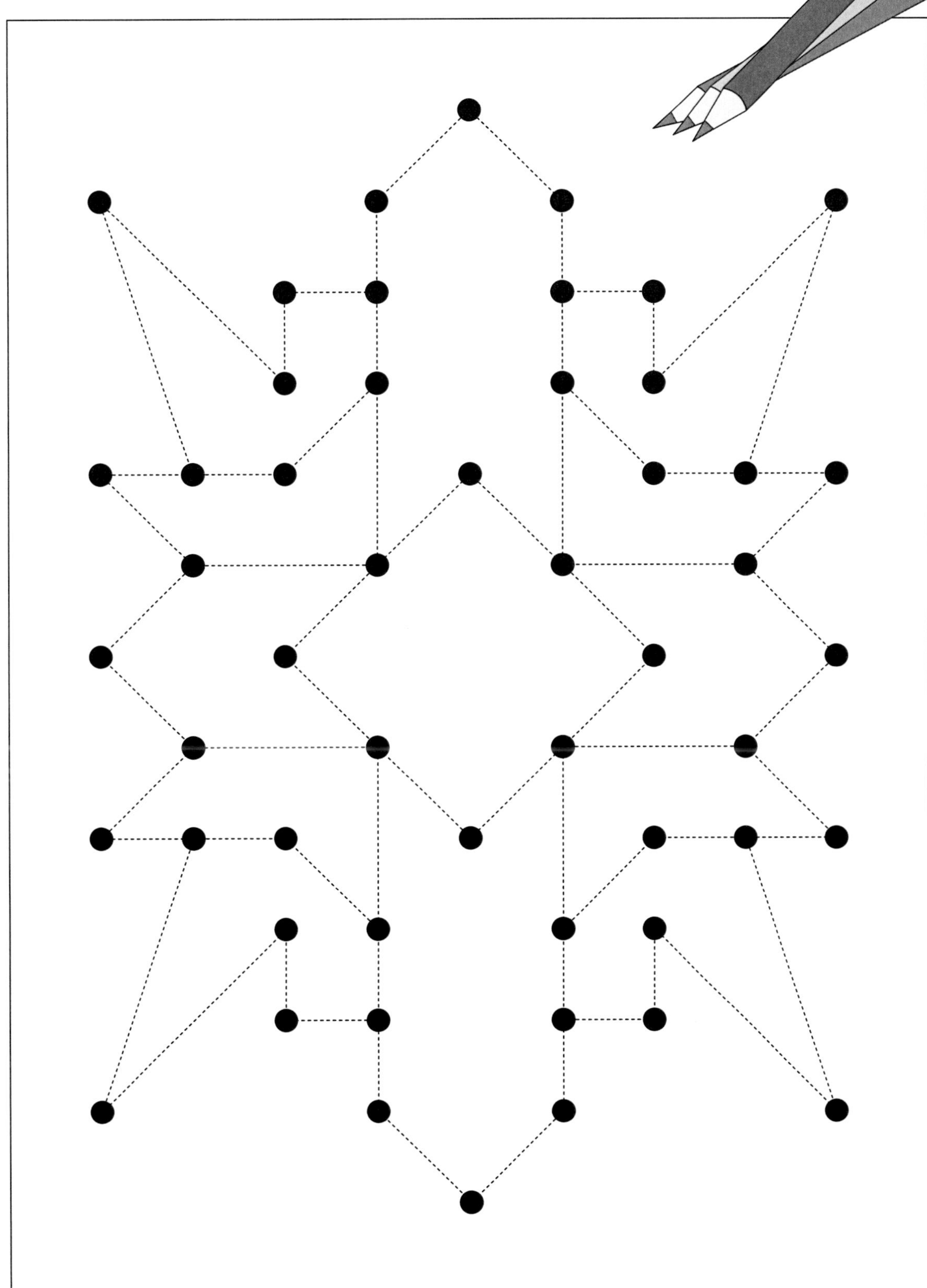

KOHL VERLAG
Stärkung der Auge-Hand-Koordination
Ganz einfache Übungen – Bestell-Nr. 11 288

Name

Klasse

Datum

Punktlinienbilder 4

Zeichne mit einem spitzen Stift die Punktelinien nach und male dann das ganze Bild in deinen Lieblingsfarben aus!

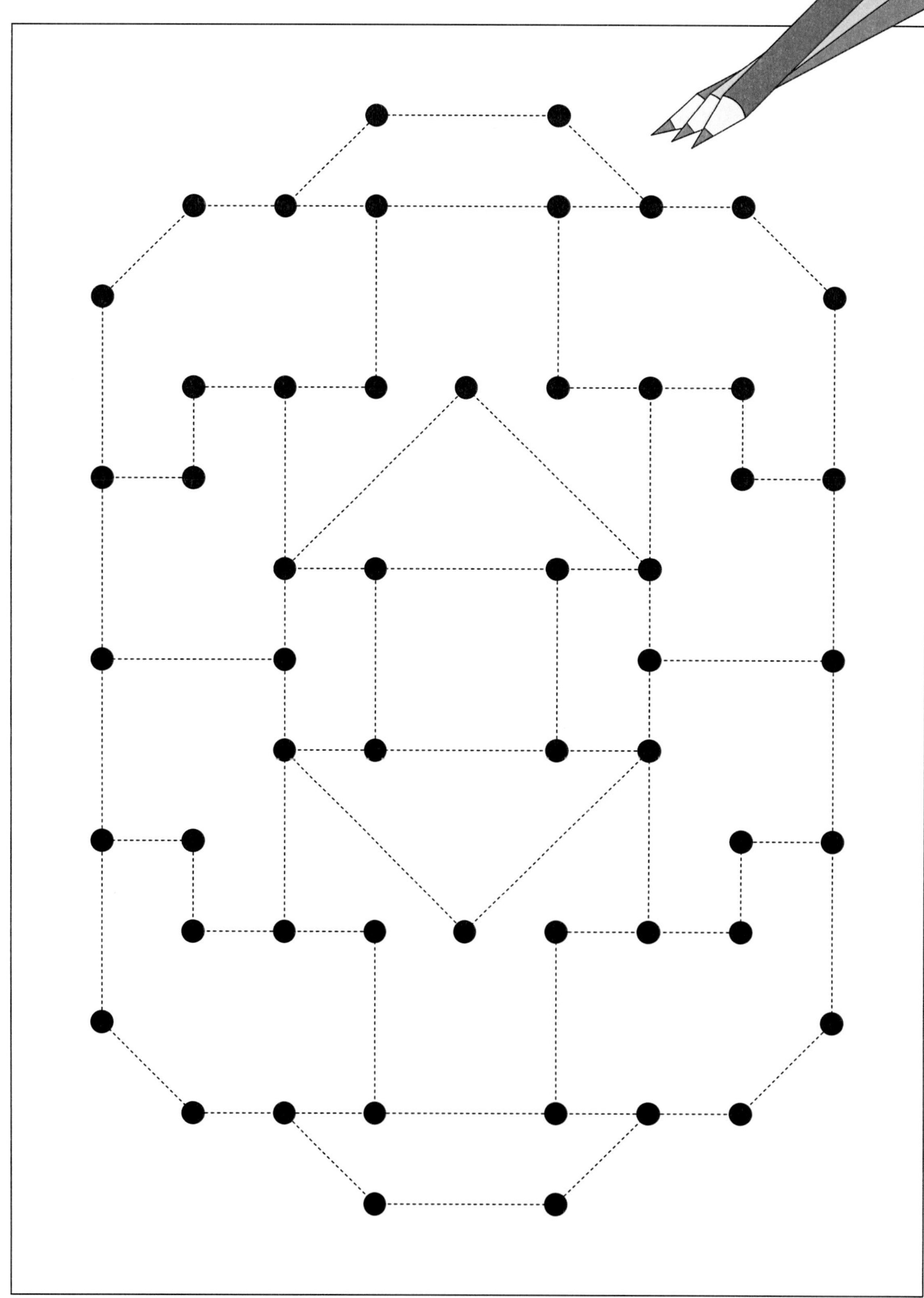

KOHL VERLAG Stärkung der Auge-Hand-Koordination Ganz einfache Übungen ■ Bestell-Nr. 11 288

Name

Klasse

Datum

Prinzessin Mondstaub

Zeichne die gestrichelten Linien mit einem spitzen Stift nach und male dann das Mandala in deinen Lieblingsfarben aus!

Zeichnung: Sabine Kussmaul

Stärkung der Auge-Hand-Koordination
Ganz einfache Übungen – Bestell-Nr. 11 288
KOHL VERLAG

Name

Klasse

Datum

Prinzessin Goldwind

Zeichne die gestrichelten Linien mit einem spitzen Stift nach und male dann das Mandala in deinen Lieblingsfarben aus!

Zeichnung: Sabine Kussmaul

KOHL VERLAG
Stärkung der Auge-Hand-Koordination

Name

Klasse

Datum

Prinzessin Silbertraum

Zeichne die gestrichelten Linien mit einem spitzen Stift nach und male dann das Mandala in deinen Lieblingsfarben aus!

Zeichnung: Sabine Kussmaul

KOHL VERLAG
Stärkung der Auge-Hand-Koordination
Ganz einfache Übungen – Bestell-Nr. 11 288

Name

Klasse

Datum

Prinzessin Wunderland

Zeichne die gestrichelten Linien mit einem spitzen Stift nach und male dann das Mandala in deinen Lieblingsfarben aus!

Zeichnung: Sabine Kussmaul

Die Lösungen

Quadratpuzzle

Seite 33

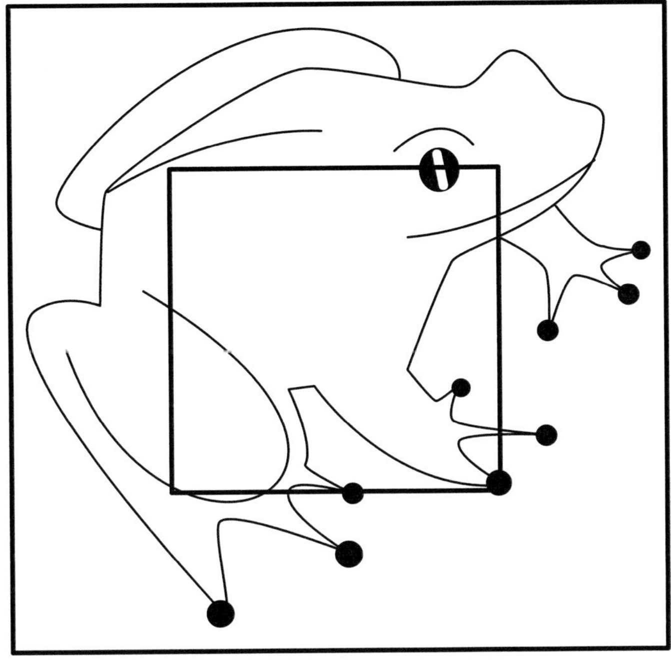

Seite 34

Seite 35

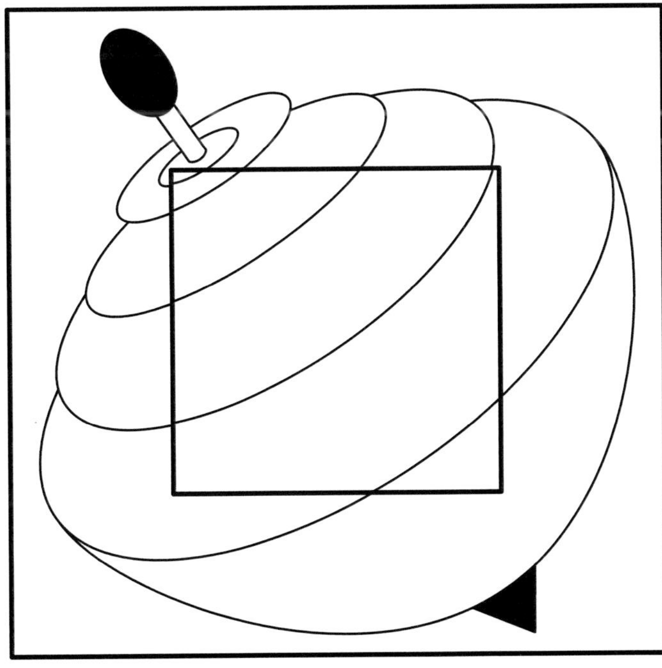

Seite 36

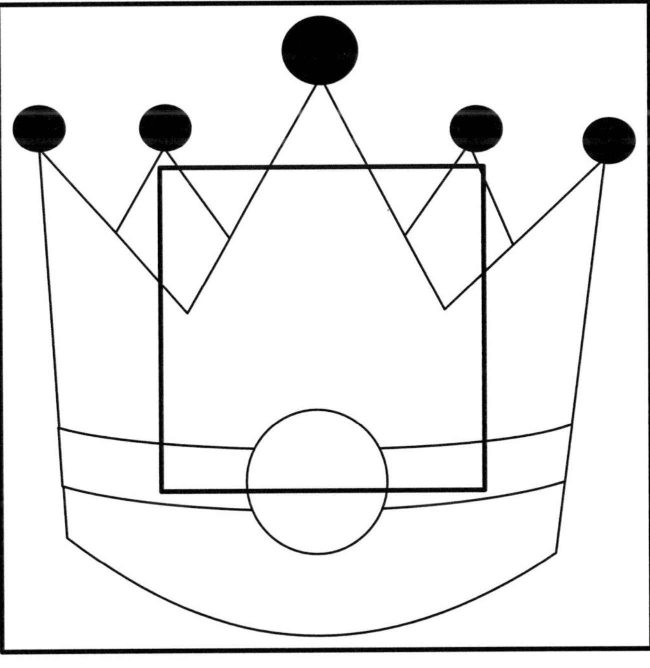

Stärkung der Auge-Hand-Koordination Ganz einfache Übungen – **Bestell-Nr. 11 288**

KOHL VERLAG

Streifenpuzzle

Seite 37

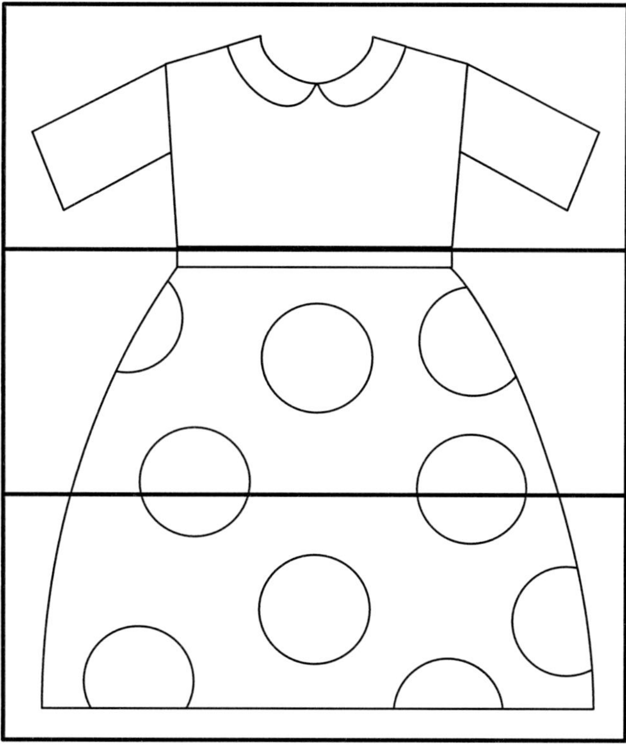

Seite 38

Seite 39

Seite 40

Die gleiche Form

Seite 41

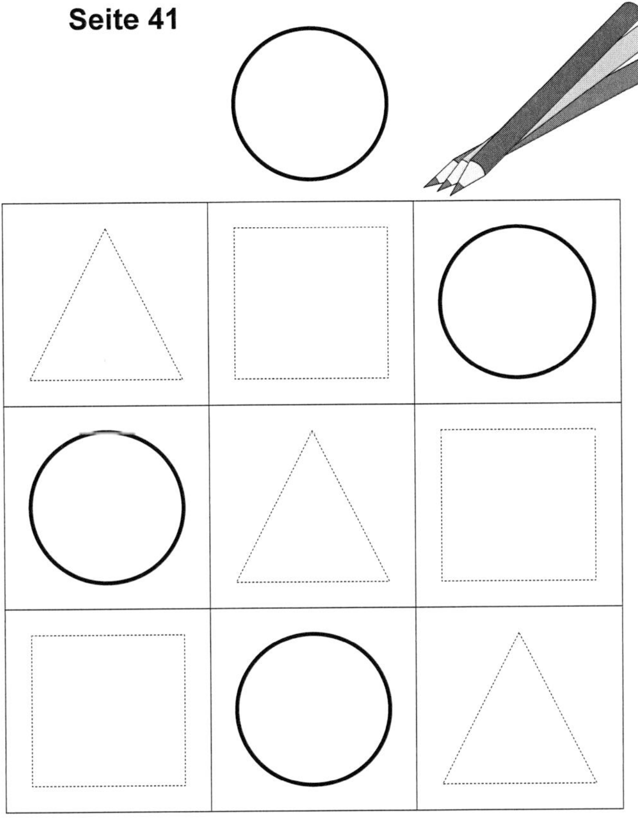

Seite 42

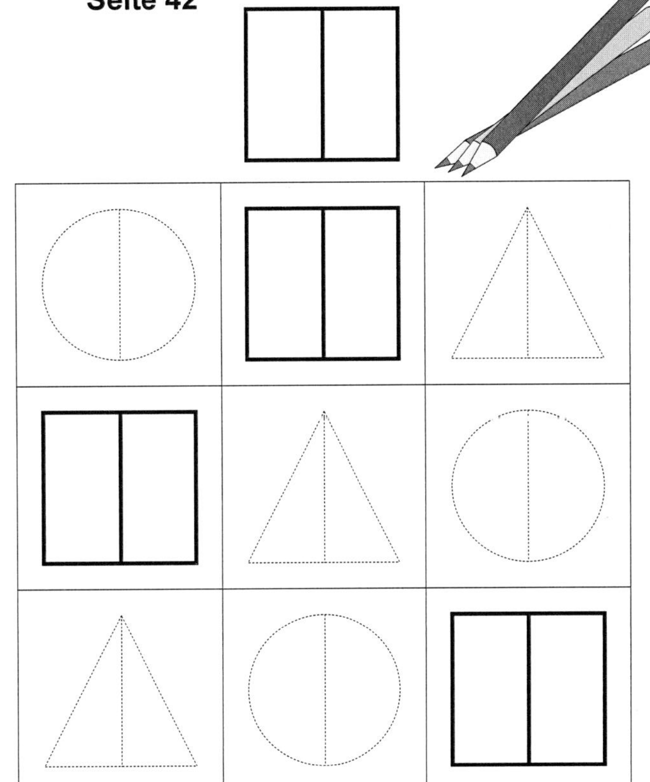

Seite 43

Seite 44

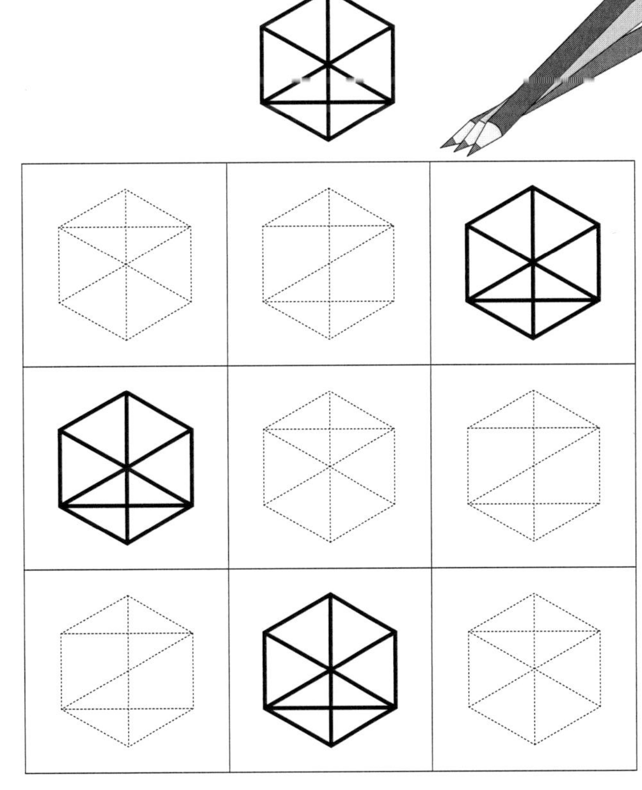

Stärkung der Auge-Hand-Koordination
Ganz einfache Übungen – Bestell-Nr. 11 288
KOHL VERLAG